24년 출간 교재			25년 출간 교재

			예비 초등			1-2학년				3-4학년				5-6학년				예비중등	
쓰기력	국어	한글 바로 쓰기	P1	P2	P3														
			P1~3_활동 모음집																
	국어	맞춤법 바로 쓰기				1A	1B	2A	2B										
어휘력	전 과목	어휘				1A	1B	2A	2B	3A	3B	4A	4B	5A	5B	6A	6B		
	전 과목	한자 어휘				1A	1B	2A	2B	3A	3B	4A	4B	5A	5B	6A	6B		
	영어	파닉스				1		2											
	영어	영단어								3A	3B	4A	4B	5A	5B	6A	6B		
독해력	국어	독해	P1		P2	1A	1B	2A	2B	3A	3B	4A	4B	5A	5B	6A	6B		
	한국사	독해 인물편								1~4									
	한국사	독해 시대편								1~4									
계산력	수학	계산				1A	1B	2A	2B	3A	3B	4A	4B	5A	5B	6A	6B	7A	7B
교과서 문해력	전 과목	교과서가 술술 읽히는 서술어				1A	1B	2A	2B	3A	3B	4A	4B	5A	5B	6A	6B		
	사회	교과서 독해								3A	3B	4A	4B	5A	5B	6A	6B		
	수학	문장제 기본				1A	1B	2A	2B	3A	3B	4A	4B	5A	5B	6A	6B		
	수학	문장제 발전				1A	1B	2A	2B	3A	3B	4A	4B	5A	5B	6A	6B		
창의·사고력	전 과목	교과서 놀이 활동북		1~8															
	수학	입학 전 수학 놀이 활동북	P1~P10																

* 완자 공부력 신간은 계속해서 출간됩니다.

세상이 변해도
배움의 즐거움은
변함없도록

시대는 빠르게 변해도
배움의 즐거움은
변함없어야 하기에

어제의 비상은
남다른 교재부터
결이 다른 콘텐츠
전에 없던 교육 플랫폼까지

변함없는 혁신으로
교육 문화 환경의 새로운 전형을
실현해왔습니다.

비상은 오늘, 다시 한번
새로운 교육 문화 환경을 실현하기 위한
또 하나의 혁신을 시작합니다.

오늘의 내가 어제의 나를 초월하고
오늘의 교육이 어제의 교육을 초월하여
배움의 즐거움을 지속하는 혁신,

바로, 메타인지 기반 완전 학습을.

상상을 실현하는 교육 문화 기업 비상

메타인지 기반 완전 학습
초월을 뜻하는 meta와 생각을 뜻하는 인지가 결합한 메타인지는
자신이 알고 모르는 것을 스스로 구분하고 학습계획을 세우도록 하는
궁극의 학습 능력입니다. 비상의 메타인지 기반 완전 학습 시스템은
잠들어 있는 메타인지를 깨워 공부를 100% 내 것으로 만들도록 합니다.

속담·관용어 카드

이 책에 나오는 서술어가 쓰인 속담과 관용어예요.
공부한 서술어를 떠올리며 카드를 활용해 보세요.

속담

땅 파다가 은 얻었다.

속담

산은 오를수록 높고
물은 건널수록 깊다.

속담

다 가도 문턱 못 넘기.

속담

모시 고르다 베 고른다.

속담

나무도 옮겨 심으면
삼 년은 뿌리를 앓는다.

속담

겉 다르고 속 다르다.

속담

아 해 다르고
어 해 다르다.

속담

땅 짚고 헤엄치기.

카드 만들기

❶ 카드의 앞면에는 속담이나 관용어가 적혀 있고, 뒷면에는 뜻이 적혀 있어요.
속담이나 관용어에 따라 🍀의 개수가 달라요.

❷ 점선에 따라 카드를 잘라요. 카드를 자를 때는 손을 다치지 않게 조심해요.

🍀🍀🍀 관용어

맥이 풀리다.

🍀 관용어

목을 세우다.

🍀 관용어

인심을 얻다.

🍀🍀 관용어

입이 벌어지다.

🍀🍀 관용어

밑천이 드러나다.

🍀🍀 관용어

하루가 다르다.

🍀🍀🍀 관용어

번지수가 틀리다.

🍀🍀 관용어

쌍지팡이를 짚고
나서다.

공부로 이끄는 힘

완자 * 공부력

교과서 문해력
교과서가 술술 읽히는 서술어

2B

함께 공부할 친구들

안녕?
우리는 너와 함께
공부할 친구들이야.

안녕? 난 레서판다 '퐁퐁이'야.
매일 딸기우유를 마셨더니 언젠가부터
분홍색 털이 자라기 시작했어!
딸기우유는 정말 맛있어!

서술어, 왜 공부할까?

그런데 너희 **서술어**가 뭔지 알아?

서술어란 문장에서 '누가/무엇이 어찌하다',
'누가/무엇이 어떠하다', '누가/무엇이 무엇이다', 에서
'어찌하다', '어떠하다', '무엇이다'에 해당하는 낱말이야.

잘 모르겠다고?

'**은지가 달린다.**'에서 '달린다'
'**하늘이 아름답다.**'에서 '아름답다'
'**은지는 학생이다.**'에서 '학생이다'가 서술어야.

서술어는 문장에서 중요한 역할을 하기 때문에
서술어를 이해해야 한 문장의 뜻을 완전하게 이해할 수 있는 것이지.

안녕? 난 퀴카 '동동이'야.
내 취미는 예쁜 나뭇잎을 모으는 거야.
내 주머니 속엔 알록달록
나뭇잎이 가득해.

안녕? 난 꿀벌 '봉봉이'야.
난 날개가 작아서 날지 못할까 봐
늘 걱정했어. 하지만 열심히 연습해서
지금은 빠르게 날 수 있지!

그럼 서술어를 왜 공부해야 할까?
교과서를 이해하는 데 서술어 공부가
왜 도움이 되는 거지?

교과서 읽기에서 서술어가 중요할까요?	→ YES	문장으로 읽고 말하는 교과서, **서술어가 문장을 완성해요!**
개념어만 알면 개념을 아는 걸까요?	→ NO	'개념어+서술어'로 구성된 개념 문장, **서술어에 따라 개념이 달라져요!**
한 번에 한 과목만 공부해야 할까요?	→ NO	공통으로 사용하는 서술어를 기준으로, **여러 과목을 한 번에 공부할 수 있어요!**

이제 서술어를 왜 공부해야 하는지 알겠지?
우리와 함께 공부를 마치면 교과서가 술술 읽힐 거야.
그럼 공부하러 출발~!

교과서 문해력을 높이는

교과서가 술술 읽히는 서술어

이런 서술어로 구성했어요.

1A

비교하며 개념을 이해해요!
뜻이 반대인 서술어

자주 틀리는 서술어를
올바르게 이해해요!
헷갈리는 서술어

▶▶▶▶
▶▶▶▶

많다·적다
크다·작다
모으다·가르다
더하다·빼다
밀다·당기다
길다·짧다
무겁다·가볍다
넓다·좁다
높다·낮다
넣다·꺼내다

문장마다 달라지는 쓰임을 이해해요!
뜻이 다양한 서술어

짓다 | 세다 | 쓰다
기울이다 | 담다

활동 의도를 제대로 이해해요!
활동을 안내하는 서술어

알아보다 | 살펴보다
비교하다 | 나타내다
떠올리다

1-2학년군 구성
1A, 1B, 2A, 2B

1B

굵다·가늘다
두껍다·얇다
늘리다·줄이다
빠르다·느리다
굽히다·펴다
가깝다·멀다
주다·받다
쉽다·어렵다
채우다·비우다
켜다·끄다

가지다 | 열다
묶다 | 지키다
쌓다

표현하다 | 소개하다
발표하다 | 완성하다
실천하다

2A

맞히다·맞추다
짐작하다·어림하다
잊어버리다·잃어버리다
붙이다·부치다
매다·메다

잡다 | 바르다 | 나누다
익히다 | 남다 | 일어나다
걸리다 | 맡다
이루어지다 | 기르다

계획하다 | 정리하다
감상하다 | 분류하다
조사하다

2B

집다·짚다
다르다·틀리다
가리키다·가르치다
존중하다·존경하다
발견하다·발명하다

풀리다 | 벌어지다
얻다 | 세우다 | 펼치다
깊다 | 드러나다
고르다 | 넘다 | 옮기다

정하다 | 확인하다
설명하다 | 의논하다
관찰하다

이렇게 활용해요

준비 하기

코딩을 응용한 활동과 공부할 낱말을 살펴보며
스스로 공부할 준비를 할 수 있어요.

일차 학습

하루 4쪽으로 교과서 낱말을
놀이하듯 재미있게 학습을 할 수 있어요.

그림과 함께
낱말의 뜻 이해하기

만화를 보며 자연스럽게
낱말 알아보기

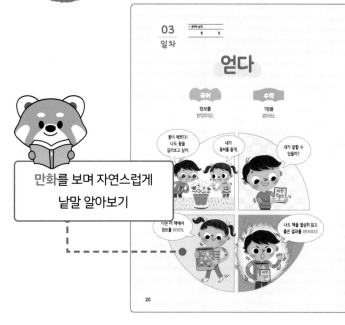

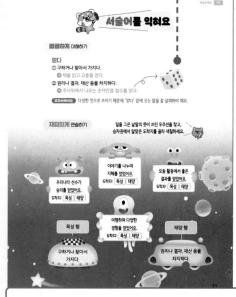

퍼즐, 선택하기, 선 잇기, 고르기 등의
놀이로 재미있게 낱말 연습하기

복습 하기

공부한 낱말을 **독해로 복습**하며 낱말의 이해를 넓혀요.
낱말을 종합한 문제를 풀며 **실력을 확인**해요.

한 주 동안 공부한
낱말이 쓰인 이야기 글을 읽고,
문제를 풀며 이해를 넓혀요.

한 권에서 공부한 낱말과 관련한
문제를 풀며 실력을 확인해요.

국어 · 수학 · 바슬즐 교과서 문장에서
낱말의 쓰임 이해하기

다양한 유형의 문제를 풀며
실력을 다지고, 수업에
활용할 수 있는 예문 연습하기

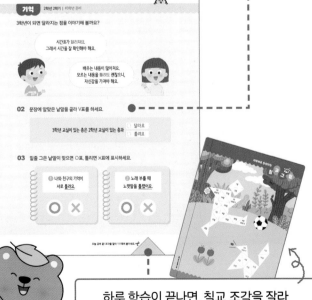

하루 학습이 끝나면, 칠교 조각을 잘라
칠교 그림판에 붙여 진도 확인하기

무엇을 공부할까요

공부 시작! 차근차근 공부하자.

1주 | 뜻이 다양한 서술어 ①

2주에는 어떤 새로운 서술어를 배울까?

2주 | 뜻이 다양한 서술어 ②

재미있게 공부하다 보니 벌써 3주네.

3주 ㅣ 헷갈리는 서술어

마지막까지 열심히 공부하고, 실력 확인도 잊지 말아야지.

4주 ㅣ 활동을 안내하는 서술어

다음 내용에 따라 화살표에 색칠하며
공부할 준비가 되었는지 확인해요.

· 책상 주변이 깨끗하면 → 오른쪽으로 세 칸 이동

· 의자에 바른 자세로 앉았으면 → 아래로 두 칸 이동

· 연필과 지우개가 옆에 있으면 → 왼쪽으로 두 칸 이동

· 스마트폰을 책상에서 멀리에 두었으면 → 아래로 한 칸 이동

출발 → → → →

↓ ↓ ↓ ↓ ↓

← ← ← ← →

↓ ↓ ↓ ↓

도착

공부를 시작해요!

이번 주에는 무엇을 배울까요?

알고 있는 서술어에 색칠하세요.

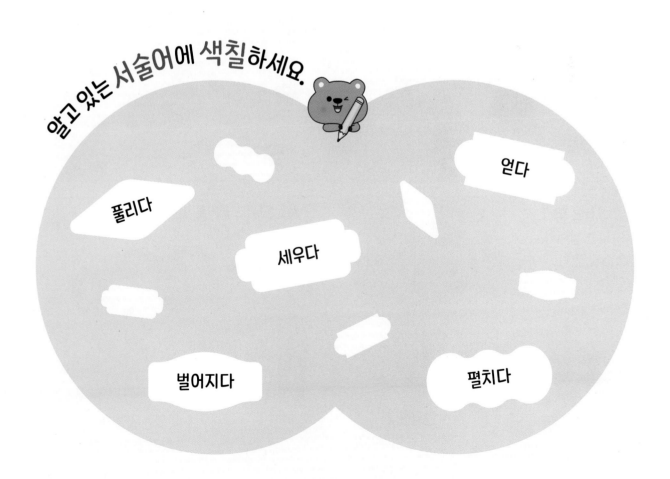

풀리다

얻다

세우다

벌어지다

펼치다

풀리다

국어	계절	기억
친구에 대한 오해가 풀렸다.	봄에는 날씨가 풀려요.	운동화 끈이 풀렸어요.

머리끈이 자꾸 풀리네.

아 야!

아야! 계속 부딪치잖아.

쿵!

콰-당!

오늘은 화가 나는 날이야!

씩! 씩!

안되겠다! '그것'을 준비해야지.

잠시 후

쿠키를 먹을래?

맛있는 것을 보니, 화가 풀리는걸!

서술어를 익혀요

꼼꼼하게 이해하기

풀리다

① 묶이거나 감긴 것, 합쳐진 것이 그렇지 않게 되다.
　예 엉킨 실이 풀리다.
② 일어난 감정 등이 누그러지다.
　예 친구의 화가 풀리다.
③ 춥던 날씨가 누그러지다.
　예 3월에 날씨가 풀리다.

교과서에서는 다양한 뜻으로 쓰이기 때문에 '풀리다' 앞에 오는 말을 잘 살펴봐야 해요.

재미있게 연습하기

괄호 안에 들어갈 알맞은 낱말의 번호를 쓰세요.

1 끈　　2 기분　　3 날씨
4 밧줄　　5 오해　　6 추위

묶여 있던 (　　)이/가 풀렸어요.

화가 난 친구의 (　　)이/가 풀렸어요.

어제는 추웠는데, 오늘부터 (　　)이/가 풀렸어요.

교과서를 이해해요

 교과서에서 '풀리다'가 어떻게 쓰이는지 살펴보고, 문제를 풀어 보세요.

국어   2학년 2학기 | #일기 쓰기 #그림일기

자신이 겪은 일을 시간을 나타내는 말을 사용해 정리해 봅시다.

아침에 친구의 말을 오해해 다투었다.

오전동안 친구에게 화가 단단히 나 있었다.

점심에 친구와 대화하며 친구에 대한 오해가 풀렸다.

> **꼼꼼하게** 이해하기 의
> ②의 뜻으로 쓰였어요.

계절   2학년 2학기 | #날씨 #일기 예보

계절별 날씨를 알리는 일기 예보 놀이를 해 볼까요?

봄에는 날씨가 풀려요.
낮에는 따뜻하고 밤에는 조금 추워요.

> **꼼꼼하게** 이해하기 의
> ③의 뜻으로 쓰였어요.

기억   2학년 2학기 | #그때 그랬더라면 놀이 #다른 선택

다른 선택을 했다면 그때 그 순간이 어떻게 달라졌을지 상상해 볼까요?

운동화 끈이 풀려서 넘어져
다쳤어요. 운동화 끈을 잘 맸으면
다치지 않았을 것 같아요.

> **꼼꼼하게** 이해하기 의
> ①의 뜻으로 쓰였어요.

01

빈칸에 들어갈 알맞은
낱말을 골라 색칠하세요.

놀이공원에 가는데 길이 막혀서 짜증이 났다. 그런데
놀이공원에 도착하니 기분이 금세 [   ].

상했다   풀렸다

02

밑줄 그은 낱말 중에서
아래의 뜻으로 쓰인 낱말을
골라 ○표를 하세요.

춥던 날씨가
누그러지다.

3월이 되었는데 꽃샘추위로
추위가 풀리지 않았습니다.
요즘 바람이 많이 불어 현수막이
날아갈 수 있으니, 현수막 끈이
풀리지 않도록 조심합니다.

03

밑줄 그은 낱말의 뜻이 다른
것에 V표를 하세요.

☐ 스웨터의 올이 풀렸어요.

☐ 저고리의 고름이 풀렸어요.

☐ 시간이 지나자 기분이 풀렸어요.

세우다

계절	인물	물건
나들이 계획을 세워요.	단군왕검이 나라를 세웠어요.	막대기를 세워요.

서술어를 익혀요

꼼꼼하게 이해하기

세우다

① 계획이나 해결 방법 등을 정하거나 짜다.

　　예 게임에서 이길 수 있는 작전을 세우다.

② 어떤 물체를 수직으로 있게 하다.

　　예 논에 허수아비를 세우다.

③ 나라나 기관 등을 처음으로 생기게 하다.

　　예 어린이 도서관을 세우다.

수직

교과서에서는 계획을 짜는 활동을 할 때 ①의 뜻으로 자주 쓰여요. 내용에 따라 ②와 ③의 뜻으로도 쓰이므로 다양한 뜻을 잘 이해해야 해요.

재미있게 연습하기　밑줄 그은 낱말의 뜻이 같은 것끼리 선으로 이으세요.

여름방학
계획을 세웠어요.

마을에
양로원을 세웠어요.

등산로에
표지판을 세웠어요.

왕이 나라를
세웠어요.

들판에
허수아비를
세웠어요.

축구 경기에서
새로운 작전을
세웠어요.

교과서를 이해해요

 교과서에서 '세우다'가 어떻게 쓰이는지 살펴보고, 문제를 풀어 보세요.

계절   2학년 2학기 | #나들이 계획

나들이 계획을 세워 볼까요?

언제 어디로 갈지, 그리고 무엇을 할지를
생각하며 나들이 계획을 세워요.

> **꼼꼼하게** 이해하기 의
> ①의 뜻으로 쓰였어요.

인물   2학년 2학기 | #위인

도서관에서 위인을 찾아볼까요?

> **꼼꼼하게** 이해하기 의
> ③의 뜻으로 쓰였어요.

 나는 단군왕검을 찾았어요.
단군왕검은 우리나라에서
처음으로 나라를 세웠어요.

물건   2학년 2학기 | #균형 잡기 #막대기 세우기

균형 잡기 활동을 해 봅시다.

막대기를 손바닥
위에 세워요.

막대기를 세우고
옆으로 이동해요.

> **꼼꼼하게** 이해하기 의
> ②의 뜻으로 쓰였어요.

18

01

밑줄 그은 낱말의 뜻으로
알맞은 것을 골라 ○표를
하세요.

여름 태풍에 대한 대비책을 <u>세워요</u>.

어떤 물체를
수직으로 있게 하다.

계획이나 해결 방법
등을 정하거나 짜다.

02

빈칸에 똑같이 들어갈 수
있는 낱말을 골라 ○표를
하세요.

주몽은 고구려를 [   ] 나라를 다스렸어요.

주몽에 대한 조사 계획을 [   ], 발표해요.

짓고   세우고   만들고

03

아래 내용에 알맞은 그림을
골라 V표를 하세요.

휴지 심 4개를 바닥에
세우고 그 위에 책을 얹어요.

☐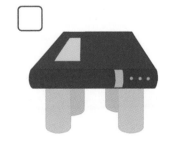

☐

얻다

국어	수학
정보를 얻었어요.	1점을 얻어요.

꽃이 예쁘다!
나도 꽃을
길러보고 싶어.

내가
꽃씨를 줄게.

내가 잘할 수
있을까?

나는 이 책에서
정보를 얻었어.

나도 책을 열심히 읽고
좋은 결과를 얻어야지!

서술어를 익혀요

꼼꼼하게 이해하기

얻다

① 구하거나 찾아서 가지다.
　⑩ 책을 읽고 교훈을 얻다.
② 권리나 결과, 재산 등을 차지하다.
　⑩ 주사위에서 나오는 숫자만큼 점수를 얻다.

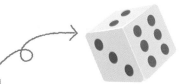

교과서에서는 다양한 뜻으로 쓰이기 때문에 '얻다' 앞에 오는 말을 잘 살펴봐야 해요.

재미있게 연습하기

밑줄 그은 낱말의 뜻이 쓰인 우주선을 찾고,
승차권에서 알맞은 도착지를 골라 색칠하세요.

이야기를 나누며
지혜를 <u>얻었어요.</u>
도착지: 목성 　 태양

모둠 활동에서 좋은
결과를 <u>얻었어요.</u>
도착지: 목성 　 태양

우리나라 선수가
승리를 <u>얻었어요.</u>
도착지: 목성 　 태양

목성 행

여행하며 다양한
경험을 <u>얻었어요.</u>
도착지: 목성 　 태양

태양 행

구하거나 찾아서
가지다.

권리나 결과, 재산 등을
차지하다.

교과서를 이해해요

교과서에서 '얻다'가 어떻게 쓰이는지 살펴보고, 문제를 풀어 보세요.

국어 2학년 2학기 | #매체 사용 경험 #올바른 인터넷 사용

인터넷에서 누리집을 찾아본 경험을 발표해 봅시다.
└→ '홈페이지'의 순우리말

문화유산에 대한 정보를 <u>얻으려고</u>
국립중앙박물관 누리집에
들어가 보았어.

운동회에 대한 정보를 <u>얻으려고</u>
학교 누리집을 찾아본 적이 있어.

꼼꼼하게 이해하기 의
①의 뜻으로 쓰였어요.

01 밑줄 그은 내용과 바꾸어 쓸 수 있는 낱말을 쓰세요.

사람들은 인터넷에서 광고를 보고 일자리를 <u>찾아서 구해요.</u>

02 밑줄 그은 낱말의 뜻이 <u>다른</u> 친구를 골라 ○표를 하세요.

공부를 해서
지식을 <u>얻었어요.</u>

학교생활에서
배움을 <u>얻었어요.</u>

학급 회의에서
찬성표를 <u>얻었어요.</u>

수학 2학년 2학기 | #수 크기 비교

짝과 수의 크기를 비교하는 놀이를 해 봅시다.

수 카드 4장으로 수를 만들어서 비교해요.

더 큰 수를 만든 사람이 1점을 얻어요.

꼼꼼하게 이해하기 의 ②의 뜻으로 쓰였어요.

03 선우는 과녁에 공을 던져 점수를 얻는 놀이를 했어요.
다음 그림을 보고, 알맞은 숫자와 낱말에 색칠하세요.

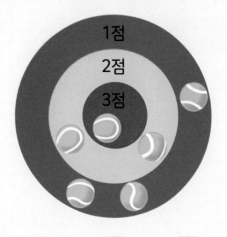

1점 과녁에 맞힌 공의 수는 3개이니, $1 \times 3 =$ [1 3 5] 이고,
2점 과녁에 맞힌 공의 수는 2개이니, $2 \times 2 =$ [1 2 4] (이)야.
3점 과녁에 맞힌 공의 수는 1개이니, $3 \times 1 =$ [1 3 6] 이야.
그래서 나는 10점을 [얻었어 잃었어].

벌어지다

국어

마을에서 잔치가
벌어질 것 같아요.

물건

가방 입구가
벌어졌어요.

서술어를 익혀요

꼼꼼하게 이해하기

벌어지다

① 갈라져서 사이가 뜨다.

   예 운동화 바닥이 벌어지다.

② 어떤 일이 일어나거나 진행되다.

   예 상상했던 일이 벌어지다.

교과서에서는 국어에서 이미 일어난 일이나 앞으로 일어날 일을 상상해 표현할 때 주로 ②의 뜻으로 쓰여요.

재미있게 연습하기

밑줄 그은 낱말과 알맞은 뜻을 선으로 이으세요.

가방이 벌어졌어요.

싸움이 벌어졌어요.

갈라져서 사이가 뜨다.

틈새가 벌어졌어요.

어떤 일이 일어나거나 진행되다.

신기한 일이 벌어졌어요.

25

교과서를 🐻 이해해요

 교과서에서 '벌어지다'가 어떻게 쓰이는지 살펴보고, 문제를 풀어 보세요.

국어 2학년 2학기 | #상상하기 #이야기 만들기

좋아하는 이야기를 선택하고, 이어질 이야기를 상상해 봅시다.

내가 좋아하는 이야기는 '콩쥐와 팥쥐'예요.
착한 콩쥐는 팥쥐를 용서하고,
마을에서 잔치가 벌어질 것 같아요.

꼼꼼하게 이해하기 의
②의 뜻으로 쓰였어요.

01 지민이는 재미있는 이야기를 읽었어요.
다음 도움말을 보고, 밑줄 그은 낱말의 뜻에 알맞은 표시를 하세요.

도움말

'벌어지다'의 뜻이 '갈라져서 사이가 뜨다.'라면 △ 표시를, '어떤 일이 일어나거나 진행되다.'라면 □ 표시를 하세요.

옛날에 한 소년이 댐에 틈이 생긴 것을 보았어요. 손톱만큼 작았던 틈이 점점 <u>벌어졌어요</u>. 소년은 '틈이 더 <u>벌어지면</u>, 댐이 무너지는 일이 <u>벌어질</u> 수 있어.'라고 생각했어요. 소년은 댐이 무너지지 않게 밤새 손바닥으로 틈을 막았어요. 다음 날 사람들은 소년이 댐을 막고 있는 일이 <u>벌어져</u> 있어 매우 놀랐어요.

물건 2학년 2학기 | #교실 안전

학교에서 안전하게 생활하려면 무엇을 주의해야 할까요?

책상에 걸어 둔
가방 입구가 벌어져 있으면,
가방에 걸려서 넘어질 수 있어요.

꼼꼼하게 이해하기 의
①의 뜻으로 쓰였어요.

02 빈칸에 똑같이 들어갈 낱말을 골라 ○표를 하세요.

- 창문을 세게 흔들면 창틀 사이가 ☐ .

- 심한 장난을 치면 친구가 다치는 일이 ☐ .

벌어져요

이루어져요

03 밑줄 그은 낱말의 뜻과 같은 뜻으로 쓰인 문장에 V표를 하세요.

상처가 났을 때, 심하게 움직이면 상처 부위가 벌어질 수 있어요.

☐ 친구들 사이에서
말다툼이 벌어졌어요.

☐ 단추를 제대로 잠그지 않아
옷 사이가 벌어졌어요.

펼치다

인물	물건
원을 바깥쪽으로 펼쳐요.	의견을 펼쳐보자.

이번 시간에는
그림을 그릴 거예요.

오늘은 무엇을
그릴지 기대된다!

그림을 그려 여러분의
상상력을 마음껏
펼쳐 보세요.

나는 날개를 펼치고
펭귄과 하늘을 나는 모습을
그려야지.

서술어를 익혀요

꼼꼼하게 이해하기

펼치다

① 접히거나 개킨 것 등을 널찍하게 펴다.

　예 공작이 꽁지를 활짝 펼치다.

② 생각 등을 시작하여 넓히거나 이어가다.

　예 친구가 자기주장을 펼치다.

교과서에서는 뜻에 따라 내용이 달라지므로 뜻을 잘 구분해서 이해해야 해요.

재미있게 연습하기

괄호 안에 들어갈 알맞은 낱말 카드를 든 토끼를 골라 번호를 쓰세요.

1 부채　2 생각　3 우산　4 의견　5 손가락

(　　)을/를 펼치다.
접히거나 개킨 것 등을 널찍하게 펴다.

(　　)을/를 펼치다.
생각 등을 시작하여 넓히거나 이어가다.

교과서를 이해해요

교과서에서 '펼치다'가 어떻게 쓰이는지 살펴보고, 문제를 풀어 보세요.

인물 2학년 2학기 | #강강술래 #전통 놀이 #위인

함께 손잡고 걸으며 강강술래 놀이를 해 볼까요?

> **꼼꼼하게** 이해하기 의 ①의 뜻으로 쓰였어요.

손을 잡고
안쪽으로 모여요.

원을 바깥쪽으로
펼쳐요.

01 서진이는 우리나라 위인을 조사했어요.
다음 설명을 보고, 밑줄 그은 낱말을 바르게 고쳐 쓰세요.

- 이순신 장군은 바다에서 적을 물리쳤어요. 이순신 장군은 배들이 적을 둘러쌀 수 있도록 배들을 넓게 **①** <u>펼쳐써요</u>.

  > 낱말을 올바른 모양으로 써 보세요.

- 세종대왕은 한글을 만들었어요. 신하들 중에는 한글 쓰는 것을 반대한 사람도 있었지만, 세종대왕은 한글이 필요하다는 주장을 **②** <u>말했어요</u>.

  > '생각 등을 시작하여 넓히거나 이어가다.' 라는 뜻의 낱말로 써 보세요.

① [   ]   ② [   ]

물건 2학년 2학기 | #발명 #생활 속 물건

여러 가지 발명 방법으로 생각해 볼까요?

우산을 어떻게 바꿀 수 있을지 자유롭게 말하며 의견을 ㉠ 펼쳐보자.

우산을 네모 모양으로 ㉡ 펼치고 싶어.

㉠은 **꼼꼼하게** 이해하기 의 ②의 뜻으로, ㉡은 ①의 뜻으로 쓰였어요.

02 밑줄 그은 낱말의 뜻이 <u>다른</u> 문장에 V표를 하세요.

[ ] 잠을 자려고 이불을 <u>펼쳤어요</u>.

[ ] 나들이를 가서 돗자리를 <u>펼쳤어요</u>.

[ ] 공책에 글을 쓰며 내 생각을 <u>펼쳤어요</u>.

03 그림을 보고, 문장에 들어갈 알맞은 낱말에 색칠하세요.

눈이 많이 쌓인 날에는 앞이 잘 보이지 않아 길을 잃을 수 있어요. 그럴 때 색깔 있는 옷을 눈 위에 [접어] [펼쳐] 놓으면 구조 요원이 쉽게 찾을 수 있어요.

 아래 낱말을 찾아 색칠하세요.

얻다   세우다   펼치다

벌어지다   풀리다

1 　옛날에 요술 부채를 가진 할아버지가 살았어요. 빨간 부채를 부치면 코가 늘어나고, 파란 부채를 부치면 코가 줄어들었어요. 할아버지는 부채로 몰래 사람들의 코를 늘였다가 코를 고치는 척하며 ◆명성을 얻었지요.

2 　어느 날, 할아버지는 코가 얼마나 늘어나는지 궁금했어요. 빨간 부채로 계속 부채질을 하자 할아버지의 코가 늘어나 하늘까지 닿았어요. 그 모습을 본 하늘을 다스리는 임금님은 화가 나 기둥을 세우고 코를 묶으라고 했어요.

3 　코가 아픈 할아버지는 파란 부채를 펼쳤어요. 부채를 부치자 놀라운 일이 ㉠ 벌어졌어요. 코가 줄어들며 할아버지가 둥실 떠올랐지요. 놀란 할아버지가 버둥거리자 기둥의 줄이 풀렸고, 할아버지는 땅으로 떨어지고 말았어요.

◆명성 세상에 널리 퍼져 평가가 높은 이름

낱말의 첫 자음자를 보고, 빈칸에 들어갈 알맞은 낱말을 쓰세요.

줄이

ㅍ		

부채를

ㅍ		

이야기를 이해해요

01

이 글에 대한 설명이 맞으면 ○표, 틀리면 ✕표에 색칠하세요.

❶ 빨간 부채는 코를 늘어나게 했어요. ⬜○ ⬜✕

❷ 임금님은 코가 얼마나 늘어나는지 궁금했어요. ⬜○ ⬜✕

❸ 할아버지는 늘어난 코가 아프자 빨간 부채를 펼쳐서 부쳤어요. ⬜○ ⬜✕

02

㉠과 같은 뜻으로 쓰인 낱말을 골라 보세요. (✏️   )

❶ 나무 바닥이 <u>벌어졌어요.</u>

❷ 옛날에 이곳에서 전투가 <u>벌어졌어요.</u>

❸ 내 책상과 짝꿍의 책상 사이가 <u>벌어졌어요.</u>

03

할아버지에게 해 줄 수 있는 말을 옳게 말한 친구의 이름을 써 보세요. (✏️   )

신기한 물건을 가지고 있으면 사람들에게 인기를 얻을 수 있어요.

수민

자기가 가진 것을 마음 내키는 대로 사용하면 큰일을 당할 수 있어요.

현우

자신 있게 사용할 수 있는 서술어에 색칠하세요.

풀리다   세우다   얻다   벌어지다   펼치다

오늘 공부 끝! 조각을 잘라 111쪽에 붙이세요. ✄

33

2주 뜻이 다양한 서술어 ②

다음 내용에 따라 도형에 색칠하며
공부할 준비가 되었는지 확인해요.

· 바른 자세로 앉았으면 ➡ ✿ 모양에 모두 색칠하세요.

· 주변을 깨끗하게 했으면 ➡ ♡ 모양에 모두 색칠하세요.

· 스마트폰을 멀리에 두었으면 ➡ ☆ 모양에 모두 색칠하세요.

· 연필과 지우개를 준비했으면 ➡ ⎘ 모양에 모두 색칠하세요.

공부 준비 패턴 만들기

⬇

공부 준비 패턴 완성  공부를 시작해요!

이번 주에는 무엇을 배울까요?

알고 있는 서술어에 색칠하세요.

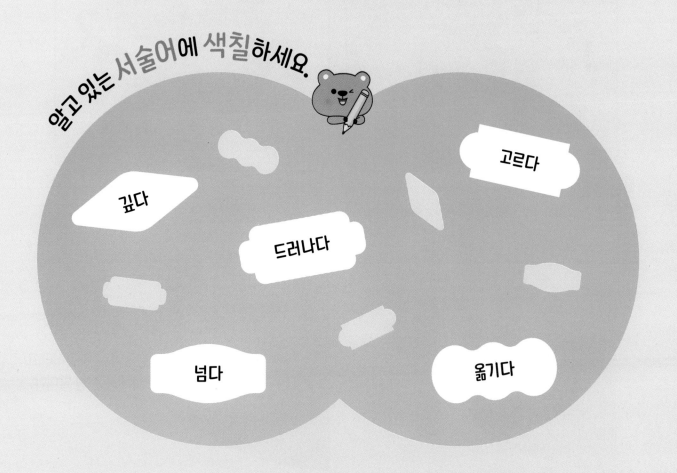

깊다

고르다

드러나다

넘다

옮기다

깊다

국어

친구의 댓글이 인상
깊었습니다.

계절

바다는 육지에서
멀수록 깊어져요.

기억

친구를 배려하는
마음이 깊어요.

옛날 사람들이 살았던
마을에 와 보니 재밌다.

너는 어떤 모습이
가장 인상 깊었니?

나는 우물이 가장
인상 깊었어.

우물이 무척 깊더라고.
내 마음처럼 말이야.

서술어를 익혀요

꼼꼼하게 이해하기

깊다

① 겉에서 속까지의 거리가 멀다.
　예 구멍의 깊이가 깊다.

② 생각이 가볍지 않고 조심스럽다.
　예 그 사람은 생각이 깊다.

③ 수준이 높거나 정도가 심하다.
　예 병이 깊다.

교과서에서는 다양한 뜻으로 쓰이는데, ②와 ③의 뜻이 헷갈릴 수 있어요. ②는 주로 사람의 성격을 표현할 때 쓰이고, ③은 주로 대상에 대한 느낌이나 상태 등을 나타낼 때 쓰여요.

재미있게 연습하기

밑줄 그은 낱말의 뜻이 같은 것끼리 선으로 이으세요.

항아리가 깊어요.

우리 언니는 생각이 깊어요.

부모님에 대한 사랑이 깊어요.

산골짜기가 깊어요.

그 노래는 나에게 의미가 깊어요.

내 친구는 조심성이 많고 주의가 깊어요.

37

교과서를 이해해요

 교과서에서 '깊다'가 어떻게 쓰이는지 살펴보고, 문제를 풀어 보세요.

국어
2학년 2학기 | #매체 활용 #댓글

친구들이 붙임쪽지에 쓴 댓글 중에서 가장 인상 깊은 댓글을 발표해 봅시다.

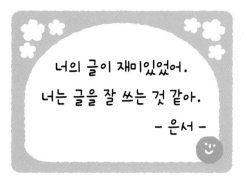

너의 글이 재미있었어.

너는 글을 잘 쓰는 것 같아.

– 은서 –

은서의 댓글이 인상 깊었습니다.
내가 쓴 글을 재미있게 읽었다는
내용이 좋았기 때문입니다.

> **끔끔하게** 이해하기 의
> ③의 뜻으로 쓰였어요.

계절
2학년 2학기 | #여름철 안전 수칙

여름철 안전 수칙을 알아볼까요?

> 바다는 육지에서 멀수록 깊어져요.
> 깊은 곳에는 들어가지 말고,
> 구명조끼를 꼭 입어야 해요.

> **끔끔하게** 이해하기 의
> ①의 뜻으로 쓰였어요.

기억
2학년 2학기 | #칭찬하는 말

우리 반 친구를 칭찬하는 말을 떠올려 볼까요?

수빈이는 친구를 배려하는 마음이 깊어요.
친구들을 많이 도와주고, 친구들에게 양보해 줘요.

> **끔끔하게** 이해하기 의
> ②의 뜻으로 쓰였어요.

01

빈칸에 똑같이 들어갈 수 있는 낱말을 골라 색칠하세요.

· 이 책은 감명 [ ].

· 시에 담긴 의미가 [ ].

· 친구가 해 준 칭찬이 인상 [ ].

깊어요　　　넓어요

02

밑줄 그은 낱말의 뜻으로 알맞은 것을 골라 ○표를 하세요.

여름에 가족들과 관람한 동굴 안은 어둡고 깊었어요.

겉에서 속까지의 거리가 멀다.

수준이 높거나 정도가 심하다.

03

밑줄 그은 낱말이 아래의 뜻으로 쓰인 것에 모두 V표를 하세요.

생각이 가볍지 않고 조심스럽다.

☐ 하린이는 차분하고 생각이 깊어요.

☐ 연우는 배려심이 많고 속이 깊어요.

☐ 윤서는 동물에 대한 애정이 깊어요.

드러나다

국어

특징이 잘
드러나야 해요.

계절

갯벌이
드러나요.

구름에 가려져서
별이 잘 보이지 않네.

구름이 걷히고
별이 드러났어요.

와~

별을 보는 것을
정말 좋아하는구나.

어떻게
아셨어요?

반짝

반짝

너의 기분이
표정에
드러나거든.

서술어를 익혀요

꼼꼼하게 이해하기

드러나다

① 가려 있거나 보이지 않던 것이 보이게 되다.

　예 커튼에 가려져 있던 무대가 드러나다.

② 겉에 나타나 있거나 눈에 띄다.

　예 정성이 드러나다.

교과서에서는 국어에서 느낌이나 생각, 중심 내용 등이 잘 나타나게 한다는 표현을 할 때 ②의 뜻으로 주로 쓰여요.

재미있게 연습하기

밑줄 그은 낱말이 말풍선에 적힌 뜻으로 쓰인 문장에 ○표를 하세요.

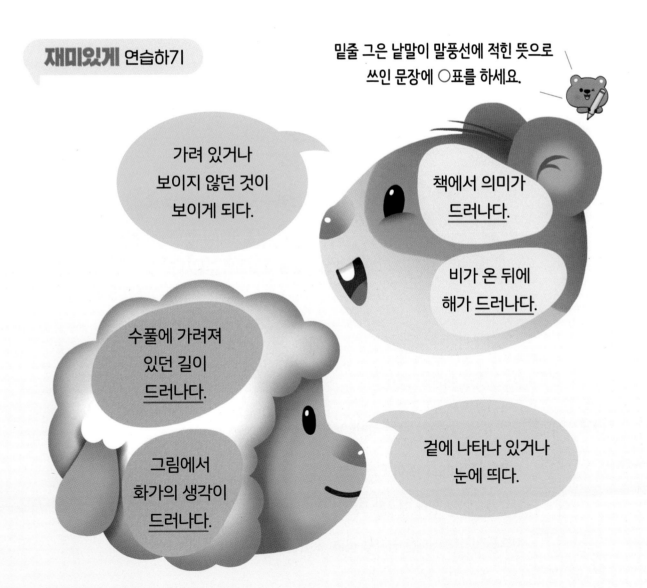

가려 있거나 보이지 않던 것이 보이게 되다.

책에서 의미가 <u>드러나다</u>.

비가 온 뒤에 해가 <u>드러나다</u>.

수풀에 가려져 있던 길이 <u>드러나다</u>.

그림에서 화가의 생각이 <u>드러나다</u>.

겉에 나타나 있거나 눈에 띄다.

교과서를 이해해요

 교과서에서 '드러나다'가 어떻게 쓰이는지 살펴보고, 문제를 풀어 보세요.

국어 2학년 2학기 | #설명하는 글 #글쓰기

사물을 설명하는 글을 쓸 때 주의할 점을 말해 봅시다.

> 글에서 사물의 특징이
> 잘 드러나야 해요.

> 중심 내용이 잘 드러나면,
> 글을 이해하기 쉬워요.

> **꼼꼼하게** 이해하기 의
> ②의 뜻으로 쓰였어요.

---

01 밑줄 그은 낱말의 뜻을 골라 ○표를 하세요.

옥수수를 설명하는 글

옥수수의 껍질을 벗기면, 알맹이가 <u>드러나요</u>.
이 부분을 물에 삶거나 구워서 먹어요.

겉에 나타나 있거나	가려 있거나 보이지
눈에 띄다.	않던 것이 보이게 되다.

02 밑줄 그은 낱말의 뜻이 <u>다른</u> 것에 V표를 하세요.

- [ ] 시에는 글쓴이의 마음이 <u>드러나요</u>.
- [ ] 파도가 지나간 뒤에 깨끗한 모래사장이 <u>드러났어요</u>.
- [ ] 친구를 칭찬할 때에는 칭찬할 점과 그 까닭이 <u>드러나야</u> 해요.

계절 2학년 2학기 | #계절에 따른 생활 모습

계절과 장소에 따라 생활 모습이 어떻게 다른지 알아볼까요?

> 가을에는 갯벌에서 조개를 잡아요.
> 바다가 썰물일 때, 갯벌이 드러나요.
> 갯벌에는 여러 종류의 조개가 살아요.

꼼꼼하게 이해하기 의 ①의 뜻으로 쓰였어요.

03 하율이는 가을에 하는 일을 조사했어요.
밑줄 그은 낱말과 알맞은 뜻을 선으로 이으세요.

> 가을에는 학교에서 운동회를 해요. 함께 응원하는 친구들의 얼굴에 신나는 표정이 <u>드러나요.</u>

• 겉에 나타나
있거나
눈에 띄다.

> 가을에는 밤나무에서 밤을 따요. 밤은 가시가 돋친 껍질 속에 있어요. 껍질을 까면 열매가 <u>드러나요.</u>

• 가려 있거나
보이지 않던 것이
보이게 되다.

> 가을에 산에서 꿀을 수확해요. 꿀통에서 꿀을 꺼낼 때 벌에게 쏘일 수 있어, 피부가 <u>드러나지</u> 않는 특별한 옷을 입어요.

넘다

수학

1시간에서
10분이 넘습니다.

기억

의자 사이를
넘지 않아요.

서술어를 익혀요

꼼꼼하게 이해하기

넘다

① 일정한 시간, 범위 등에서 벗어나 지나다.

　예 여름 방학이 시작된 지 일주일이 넘었다.

② 일정한 공간을 사이에 두고 건너편으로 뛰다.

　예 도랑을 뛰어 넘다.

교과서에서는 수학에서 길이 재기와 시간을 배울 때 ①의 뜻으로 주로 쓰여요.

재미있게 연습하기

밑줄 그은 낱말이 장바구니에 적힌 뜻으로
쓰인 물건을 골라 번호를 쓰세요.

1 줄을 넘었다.

2 10시가 넘었다.

3 웅덩이를 훌쩍 넘었다.

4 지원자가 100명이 넘었다.

5 선수가 장애물을 뛰어 넘었다.

6 반납일이 일주일이나 넘었다.

일정한 공간을 사이에 두고 건너편으로 뛰다.

일정한 시간, 범위 등에서 벗어나 지나다.

교과서를 이해해요

 교과서에서 '넘다'가 어떻게 쓰이는지 살펴보고, 문제를 풀어 보세요.

수학 2학년 2학기 | #시각과 시간

1시간이 넘는 활동을 말해 보세요.

사과 농장 체험하기

시간	활동
9:00~9:30	안전 교육 받기
9:30~10:40	사과 따기
10:40~11:20	사과 포장하기

사과 따는 데 1시간 10분이 걸립니다.
1시간에서 10분이 넘습니다.

꼼꼼하게 이해하기 의 ①의 뜻으로 쓰였어요.

01 다음 내용에 알맞은 숫자와 낱말을 골라 색칠하세요.

토요일에 가족들과 동물원에 갔어요. 동물원에 도착하기로 한 시각은 10시였는데, 실제로 동물원에 도착한 시각은 10시 30분이었어요. 우리가 생각한 도착 예정 시각에서 (20) (30) (40) 분이 [남았어요] [넘었어요] .

02 다음 내용에 알맞은 나무를 골라 ○표를 하세요.

이 나무는 높이가 1m가 넘어요.

90cm   120cm   70cm

기억 2학년 2학기 | #특별실 안전

특별실을 이용할 때 주의할 점을 알아볼까요?

음악실에서
의자나 책상에 올라가거나
의자 사이를 넘지 않아요.

꼼꼼하게 이해하기 의
②의 뜻으로 쓰였어요.

---

03 채원이는 특별실 이용 안내문을 읽었어요.
밑줄 그은 낱말이 보기 의 뜻으로 쓰인 문장을 모두 골라 V표를 하세요.

보기

일정한 공간을 사이에 두고 건너편으로 뛰다.

☐ 컴퓨터실에서, 전선을 <u>넘거나</u> 세게 당기지 않아요.

☐ 체육관에서, 운동 기구 사이를 <u>넘어</u> 다니지 않아요.

☐ 강당에서, 바닥에 물건이 있으면 물건을 밟거나 <u>넘지</u> 않아요.

☐ 시청각실에서, 이용 시간이 <u>넘을</u> 것 같으면 미리 이야기해요.

고르다

인물	계절
한 글자를 골라요.	돌들의 모양이 골라요.

어떤 길로 갈지
골라 볼래?

저는 '건강 길'을
고를게요.

이런 길을 걸어야
건강해진다고요!

여기는 길이
고르지 않아.

서술어를 익혀요

꼼꼼하게 이해하기

넘다

① 일정한 시간, 범위 등에서 벗어나 지나다.

　　예 여름 방학이 시작된 지 일주일이 넘었다.

② 일정한 공간을 사이에 두고 건너편으로 뛰다.

　　예 도랑을 뛰어 넘다.

교과서에서는 수학에서 길이 재기와 시간을 배울 때 ①의 뜻으로 주로 쓰여요.

재미있게 연습하기

밑줄 그은 낱말이 장바구니에 적힌 뜻으로 쓰인 물건을 골라 번호를 쓰세요.

1 줄을 <u>넘었다.</u>

2 10시가 <u>넘었다.</u>

3 웅덩이를 훌쩍 <u>넘었다.</u>

4 지원자가 100명이 <u>넘었다.</u>

5 선수가 장애물을 뛰어 <u>넘었다.</u>

6 반납일이 일주일이나 <u>넘었다.</u>

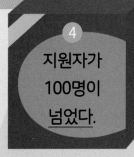

일정한 공간을 사이에 두고 건너편으로 뛰다.

일정한 시간, 범위 등에서 벗어나 지나다.

교과서를 이해해요

 교과서에서 '넘다'가 어떻게 쓰이는지 살펴보고, 문제를 풀어 보세요.

수학 2학년 2학기 | #시각과 시간

1시간이 넘는 활동을 말해 보세요.

사과 농장 체험하기

시간	활동
9:00~9:30	안전 교육 받기
9:30~10:40	사과 따기
10:40~11:20	사과 포장하기

사과 따는 데 1시간 10분이 걸립니다.
1시간에서 10분이 넘습니다.

꼼꼼하게 이해하기 의
①의 뜻으로 쓰였어요.

---

01 다음 내용에 알맞은 숫자와 낱말을 골라 색칠하세요.

> 토요일에 가족들과 동물원에 갔어요. 동물원에 도착하기로 한 시각은 10시였는데, 실제로 동물원에 도착한 시각은 10시 30분이었어요. 우리가 생각한 도착 예정 시각에서
> (20) (30) (40) 분이 [남았어요] [넘었어요].

02 다음 내용에 알맞은 나무를 골라 ○표를 하세요.

이 나무는 높이가
1m가 넘어요.

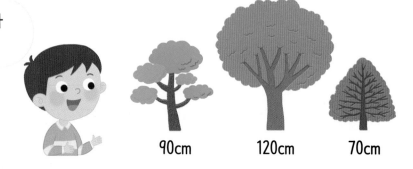

90cm   120cm   70cm

46

기억 2학년 2학기 | #특별실 안전

특별실을 이용할 때 주의할 점을 알아볼까요?

음악실에서
의자나 책상에 올라가거나
의자 사이를 넘지 않아요.

꼼꼼하게 이해하기 의
②의 뜻으로 쓰였어요.

03 채원이는 특별실 이용 안내문을 읽었어요.
밑줄 그은 낱말이 보기 의 뜻으로 쓰인 문장을 모두 골라 V표를 하세요.

보기

일정한 공간을 사이에 두고 건너편으로 뛰다.

☐ 컴퓨터실에서, 전선을 넘거나 세게 당기지 않아요.

☐ 체육관에서, 운동 기구 사이를 넘어 다니지 않아요.

☐ 강당에서, 바닥에 물건이 있으면 물건을 밟거나 넘지 않아요.

☐ 시청각실에서, 이용 시간이 넘을 것 같으면 미리 이야기해요.

고르다

인물

한 글자를
골라요.

계절

돌들의 모양이
골라요.

서술어를 익혀요

꼼꼼하게 이해하기

고르다

① 여럿 중에서 가려내거나 뽑다.

　예 문장에 들어갈 낱말을 고르다.

② 여럿이 모두 높낮이, 크기, 양 등의 차이가 없이 한결같다.

　예 치아가 고르다.

교과서에서는 ①의 뜻으로 쓸 때는 주로 '~을/를 고르다.'와 같이 쓰고, ②의 뜻으로 쓸 때는 주로 '~이/가 고르다.'와 같이 써요.

재미있게 연습하기

괄호 안에 들어갈 수 있는 내용이 적힌 보석을 골라 번호를 쓰세요.

1 재밌는 책

2 운동장 바닥

3 맛있는 과자

4 아기의 숨소리

5 사야 할 물건

6 선수들의 실력

(　　　　)이/가 고르다.
여럿이 모두 높낮이, 크기, 양 등의 차이가 없이 한결같다.

(　　　　)을/를 고르다.
여럿 중에서 가려내거나 뽑다.

교과서를 🐻 이해해요

🦝 교과서에서 '고르다'가 어떻게 쓰이는지 살펴보고, 문제를 풀어 보세요.

인물 2학년 2학기 | #세종대왕 #한글 #장영실

세종대왕의 마음을 생각하며 <u>훈민정음 서문</u>을 만들어 봅시다.

↳세종대왕이 우리나라 글자인 '훈민정음'을 만든 까닭을 설명한 글

훈민정음 서문에서
한 글자를 <u>골라요.</u>

꼼꼼하게 이해하기 의
①의 뜻으로 쓰였어요.

글자를 예쁘게 꾸민 후
글자를 모아서 작품을 완성해요.

01 밑줄 그은 내용과 바꾸어 쓸 수 있는 낱말을 쓰세요.

역사 인물 중에서 내가 더 알아보고 싶은 인물을 <u>가려내거나 뽑습니다.</u>

02 밑줄 그은 낱말의 뜻으로 알맞은 것을 골라 V표를 하세요.

옛날에는 주로 농사를 지었는데, 농사지을 때 비가 꼭 필요했어요. 하지만 해마다 내린 비의 양이 <u>고르지</u> 않았어요. 이에 장영실은 세종대왕의 아들과 함께 내린 비의 양을 잴 수 있는 '측우기'를 만들었어요.

☐ 여럿 중에서
가려내거나 뽑다.

☐ 여럿이 모두 높낮이, 크기, 양
등의 차이가 없이 한결같다.

계절 2학년 2학기 | #계절 느끼기

계절을 느끼며 다양한 자연물을 가지고 놀이를 해 볼까요?

> 놀이하고 싶은 자연물을
> ㉠ 골라 보세요.

> 돌로 쌓기놀이를 하고 싶어요.
> 돌들의 모양이 ㉡ 고르면,
> 쌓기가 쉬워요.

> ㉠은 **꼼꼼하게** 이해하기 의
> ①의 뜻으로, ㉡은 ②의 뜻으로
> 쓰였어요.

03 윤서와 친구들은 자신이 좋아하는 것과 그 까닭을 이야기했어요.
밑줄 그은 낱말의 뜻이 같은 친구들끼리 선으로 이으세요.

(윤서)

나는 내 동생의 웃는
모습을 좋아해.
내 동생은 치아가 <u>골라서</u>
웃는 모습이 무척 예뻐.

(지민)

나는 뷔페 가는 것을
좋아해. 좋아하는 음식을
<u>골라서</u> 먹을 수 있거든.

(도윤)

나는 여름방학이 좋아.
방학 때 내가 좋아하는 곳을
<u>골라서</u> 그곳으로 여행을
떠날 수 있거든.

(수민)

나는 겨울에 썰매 타는 것을
좋아해. 얼음 바닥이 <u>고르면</u>,
썰매를 타고 씽씽
달릴 수 있어.

옮기다

물건

물건을
옮겨요.

기억

오른발을
옮겨요.

서술어를 익혀요

꼼꼼하게 이해하기

옮기다

① 어떤 곳에서 다른 곳으로 자리를 바꾸게 하다.

 예 상자를 옮기다.

② 발걸음을 한 걸음 한 걸음 떼어 놓다.

예 걸음을 힘차게 옮기다.

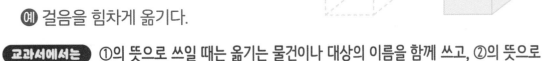

교과서에서는 ①의 뜻으로 쓰일 때는 옮기는 물건이나 대상의 이름을 함께 쓰고, ②의 뜻으로 쓰일 때는 걸음과 관련한 낱말을 함께 써요.

재미있게 연습하기

밑줄 그은 낱말의 뜻으로 알맞은 것을 선으로 이으세요.

한 발자국씩 옮겨요.

환자를 병실로 옮겨요.

반찬을 식탁으로 옮겨요.

집으로 발걸음을 옮겨요.

어떤 곳에서 다른 곳으로 자리를 바꾸게 하다.

발걸음을 한 걸음 한 걸음 떼어 놓다.

교과서를 이해해요

 교과서에서 '옮기다'가 어떻게 쓰이는지 살펴보고, 문제를 풀어 보세요.

물건 2학년 2학기 | #불편함 해결 하기 #컵 옮기기

내가 돕고 싶은 상황과 어떤 도움을 주고 싶은지 발표해 봅시다.

 →

택배 기사님이 끌차로 물건을 옮기는데, 계단이 있어서 끌차를 끌기 힘들어요. 경사가 있는 길을 만들면, 끌차로 물건을 쉽게 옮길 수 있어요.

꼼꼼하게 이해하기 의 ①의 뜻으로 쓰였어요.

---

01 밑줄 그은 내용과 바꾸어 쓸 수 있는 낱말에 색칠하세요.

> 손잡이가 있는 쟁반을 사용해 음식을 안전하게 <u>다른 곳으로 자리를 바꾸게</u> 해요.

바꿔요   옮겨요   채워요

02 밑줄 그은 낱말 중에서 뜻이 <u>다른</u> 것을 골라 ○표를 하세요.

모둠에서 친구들과 고무줄로 컵을 옮기는 놀이를 해요. 4명이 고무줄을 한 줄씩 잡고, 줄로 컵을 집어 책상까지 <u>옮겨요</u>. 이때, 친구들이 동시에 걸음을 <u>옮겨야</u> 해요. 책상을 <u>옮겨서</u> 거리를 더 멀게 할 수도 있어요.

기억   2학년 2학기 | #고무줄 놀이 #겨울철 안전 수칙

친구들과 고무줄을 가지고 높이 뛰며 놀아 볼까요?

> 줄 왼쪽에 서 있다가
> 줄을 넘어 오른발을 <u>옮겨요</u>.

> 왼발도 오른발 옆으로 <u>옮겼다가</u>
> 두 발을 원래 자리로 <u>옮겨요</u>.

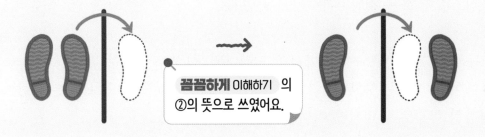

꼼꼼하게 이해하기 의
②의 뜻으로 쓰였어요.

03 건우는 겨울을 안전하게 보내는 방법을 정리했어요.
밑줄 그은 낱말의 뜻이 적힌 카드를 골라 번호를 쓰세요.

1
발걸음을 한 걸음 한 걸음
떼어 놓다.

2
어떤 곳에서 다른 곳으로
자리를 바꾸게 하다.

하나, 눈을 치우는 도구를 눈에 띄는 곳으로 <u>옮겨요</u>. ○

둘, 한쪽으로 치워둔 눈을 마음대로 <u>옮기지</u> 않아요. ○

셋, 밖에서 기르는 소나 말 등의 가축을 실내로 <u>옮겨요</u>. ○

넷, 빙판길에서는 걸음을 천천히 <u>옮기고</u>, 주머니에 손을 넣지 않아요. ○

 아래 낱말을 찾아 색칠하세요.

고르다   옮기다   넘다

드러나다   깊다

1   옛날에 한 선비가 누렁소와 검정소로 밭을 가는 농부를 보고 물었어요. "밭이 참 고릅니다. 소들이 일을 잘하는 것 같은데, 어느 소가 일을 더 잘하나요?" 농부는 하던 일을 멈추고 선비에게로 걸음을 옮겼어요.

2   농부는 선비에게 귓속말로 대답했어요. "한 마리를 고른다면, 누렁소입니다. 일할 나이가 ㉠넘었지만, 아주 성실합니다." 선비는 농부에게 "그 말을 왜 그렇게 조심스럽게 하는 것입니까?"라고 물었지요.

3   농부는 "소들 앞에서 내 마음이 드러나면, 검정소가 기분 나빠할 거예요."라고 말했어요. 선비는 '농부가 참으로 생각이 깊구나. 나도 앞으로 다른 사람에 대한 평가를 함부로 말하지 않아야겠어.'라고 생각했어요.

낱말의 첫 자음자를 보고, 빈칸에 들어갈 알맞은 낱말을 쓰세요.

밭이 | ㄱ | | | .

생각이 | ㄱ | | .

이야기를 이해해요

01

이 글에 대한 설명이 맞으면 ○표, 틀리면 ×표에 색칠하세요.

❶ 선비가 본 농부의 밭은 울퉁불퉁했어요. ○ ×

❷ 농부는 생각이 신중하고 가볍지 않았어요. ○ ×

❸ 농부는 일을 더 잘하는 소로 검정소를 뽑았어요. ○ ×

02

㉠과 같은 뜻으로 쓰인 낱말을 골라 보세요. (✏   )

❶ 뜀틀을 <u>넘었어요</u>.

❷ 자야 할 시간이 <u>넘었어요</u>.

❸ 물웅덩이를 뛰어서 <u>넘었어요</u>.

03

선비가 농부를 보고 배운 점은 무엇인가요? (✏   )

❶ 귓속말을 하면 상대방이 기분 나빠하지 않아요.

❷ 가까이에서 말하면 자신의 생각을 잘 전달할 수 있어요.

❸ 다른 사람을 비교하여 평가하는 말을 함부로 하지 않아요.

자신 있게 사용할 수 있는 서술어에 색칠하세요.

깊다   드러나다   넘다   고르다   옮기다

헷갈리는 서술어

순서도의 선을 따라가며
공부할 준비가 되었는지 확인해요.

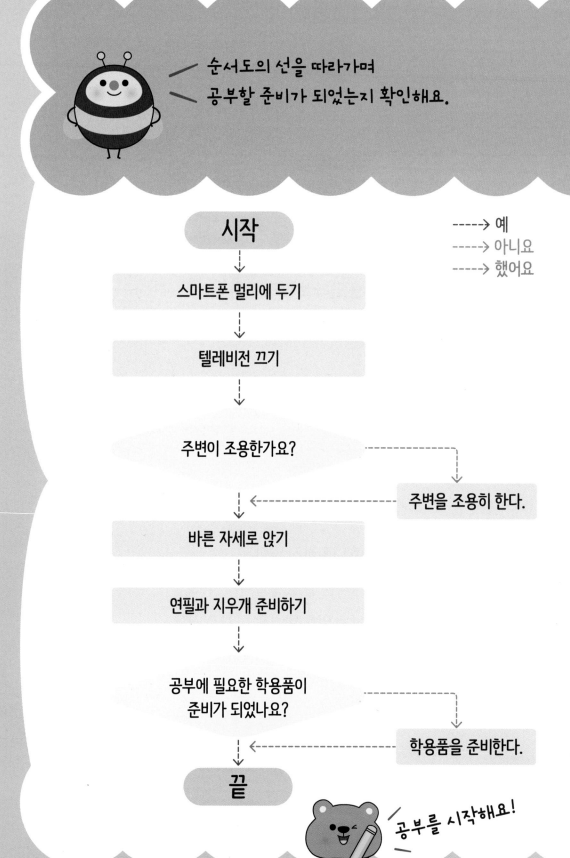

시작

-----→ 예
-----→ 아니요
-----→ 했어요

스마트폰 멀리에 두기

텔레비전 끄기

주변이 조용한가요?

주변을 조용히 한다.

바른 자세로 앉기

연필과 지우개 준비하기

공부에 필요한 학용품이
준비가 되었나요?

학용품을 준비한다.

끝

공부를 시작해요!

이번 주에는 무엇을 배울까요?

알고 있는 서술어에 색칠하세요.

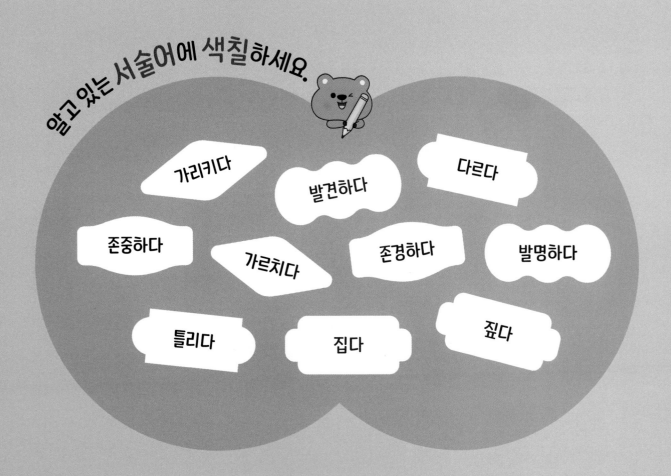

가리키다

발견하다

다르다

존중하다

가르치다

존경하다

발명하다

틀리다

집다

짚다

가리키다 / 가르치다

수학

긴바늘은 3을
가리키고 있어요.

국어

누나가 동생에게
한글을 가르치다.

서술어를 익혀요

꼼꼼하게 이해하기

가리키다
손가락 등으로 어떤 방향이나 대상을 집어서 보이거나 알리다.

(예) 손가락으로 달을 가리키다.

가리키다

가르치다
지식이나 기능 등을 깨닫게 하거나 익히게 하다.

(예) 자전거 타는 방법을 가르치다.

가르치다

교과서에서는 두 낱말은 모양이 비슷해서 자주 헷갈리므로 뜻을 잘 구분해서 써야 해요. '가리키다'나 '가르치다'를 '가르키다'로 잘못 쓰지 않도록 주의해요.

재미있게 연습하기

그림을 보고, 빈칸에 들어갈 알맞은 낱말을 낱말 카드에서 골라 쓰세요.

컴퓨터를 _____.

친구가 학교를 _____.

가리키다 ✏ 가르치다

표지판이 길을 _____.

세배하는 방법을 _____.

61

교과서를 🐻 이해해요

🦝 교과서에서 '가리키다'와 '가르치다'가 어떻게 쓰이는지 살펴보고, 문제를 풀어 보세요.

시계를 보고 몇 시 몇 분인지 말해 봅시다.

짧은바늘은 7과 8 사이를 가리키고 있고,
긴바늘은 3을 가리키고 있어요.
그래서 시각은 7시 15분이에요.

01 다음 시계를 보고, 알맞은 낱말과 숫자를 골라 색칠하세요.

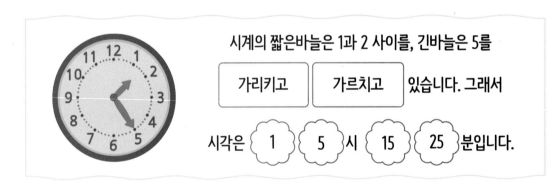

시계의 짧은바늘은 1과 2 사이를, 긴바늘은 5를

| 가리키고 | 가르치고 | 있습니다. 그래서

시각은 (1) (5)시 (15) (25) 분입니다.

02 다음 내용에 알맞은 시계를 골라 V표를 하세요.

시곗바늘이
3시 40분을
가리키고 있어요.

국어 2학년 2학기 | #바른 말 사용하기 #일이 일어난 차례대로 말하기

그림에 알맞은 문장을 완성해 봅시다.

여자아이가 밤하늘의
별을 가리키다.

누나가 동생에게
한글을 가르치다.

03 연우는 오늘 일어난 일을 글로 정리했어요.
괄호 안에서 알맞은 낱말을 골라 ○표를 하세요.

오늘 교통안전을 체험하는
교통안전 체험관에 다녀왔어요.

오전에는 교통 표지판에 대해 배웠습니다. 선생님이 교통 표지판을 하나씩
(가리키며, 가르치며) 그 의미를 (가리켜, 가르쳐) 주셨습니다.
　오후에는 체험용 도로를 구경했습니다. 도로에는 화살표 모양이 많았습니다.
나는 화살표를 (가리키며, 가르치며) 화살표의 역할에 대해 질문했고, 선생님은
친절하게 (가리켜, 가르쳐) 주셨습니다. 도로의 화살표는 자동차가 움직여야
할 방향을 (가리켜서, 가르쳐서) 자동차가 안전하게 갈 수 있게 합니다.

다르다 / 틀리다

국어

야구와 농구는
경기 방법이 **다릅니다.**

기억

모르는 내용을
틀려도 괜찮아요.

세뱃돈을
받았어.

지폐의 모양이
모두 다르네.
모두 얼마야?

지폐가 모두 3장이니,
삼만 원이야.
이 돈으로 장난감을
사야지.

계산이 틀렸어.
만 원, 오천 원, 천 원짜리
지폐가 각각 1장씩이니,
만 육천 원이야.

$10000 + 5000 + 1000 = 16000$

뭐라고?
돈이 부족하네.
세배를 더 하러
가야겠다.

서술어를 익혀요

꼼꼼하게 이해하기

다르다
비교가 되는 두 대상이 서로 같지 않다.
(예) 고양이와 강아지는 생김새가 다르다.

틀리다
셈이나 사실 등이 맞지 않다.
(예) 계산한 답이 틀리다.

교과서에서는 교과서뿐만 아니라 일상생활에서도 자주 헷갈리는 서술어예요. 모양이나 상태 등이 서로 같지 않을 때는 '다르다'를 쓰고, 정해진 답과 맞지 않을 때는 '틀리다'를 써요.

재미있게 연습하기

괄호 안에 들어갈 알맞은 낱말을 골라 ○표를 하세요.

나와 동생은 성격이 (　　　).

다르다 　 틀리다

답을 많이 (　　　) 속상해.

달라서 　 틀려서

동네의 모습이 예전과 (　　　).

달라졌어요 　 틀려졌어요

받아쓰기에서 맞춤법을 (　　　).

달랐어요 　 틀렸어요

65

교과서를 🐻 이해해요

🦝 교과서에서 '다르다'와 '틀리다'가 어떻게 쓰이는지 살펴보고, 문제를 풀어 보세요.

국어 2학년 2학기 | #바른 말 사용하기

바른 말을 사용해 그림에 알맞은 문장을 만들어 봅시다.

야구와 농구는
경기 방법이 **다릅니다.**

물건값 계산이
틀렸습니다.

---

01 서연이는 글에서 잘못 쓰인 낱말을 찾아 고쳤어요.
글에서 잘못 쓰인 낱말을 찾아 기호를 쓰고, 바른 말로 고쳐 보세요.

❶ 받아쓰기에서 친구가 쓴 답과 내가 쓴
답이 서로 ㉠ <u>틀렸어요</u>. 정답을 찾아보니
내가 쓴 답이 ㉡ <u>틀렸어요</u>.

➡ ☐ ☐

❷ 같은 그림을 보더라도 사람마다 느끼는
감상이 ㉠ <u>틀려요</u>. 사람들이 나와 생각이
㉡ <u>다르다고</u> 이상하게 여기지 않아요.

➡ ☐ ☐

❸ 친구와 나는 사는 곳이 서로 ㉠ <u>달라요</u>.
친구가 나에게 편지를 썼는데, 봉투에 쓴
주소가 ㉡ <u>달라서</u> 편지가 오지 않았어요.

➡ ☐ ☐

기억 2학년 2학기 | #3학년 준비

3학년이 되면 달라지는 점을 이야기해 볼까요?

시간표가 달라져요.
그래서 시간을 잘 확인해야 해요.

배우는 내용이 많아져요.
모르는 내용을 틀려도 괜찮으니,
자신감을 가져야 해요.

02 문장에 알맞은 낱말을 골라 V표를 하세요.

3학년 교실이 있는 층은 2학년 교실이 있는 층과

☐ 달라요
☐ 틀려요

03 밑줄 그은 낱말이 맞으면 ○표, 틀리면 ×표에 표시하세요.

❶ 나와 친구의 기억이
서로 <u>틀려요</u>.

❷ 노래 부를 때
노랫말을 <u>틀렸어요</u>.

존중하다 / 존경하다

국어

조언한 사람의
의견을 존중해요.

인물

나는 신사임당을
가장 존경해.

서술어를 익혀요

꼼꼼하게 이해하기

존중하다
높이어 귀중하게 대하다.
예 다른 나라의 문화를 존중하다.

존중하다

존경하다
다른 사람의 인격, 생각, 행동 등을 받들어 공경하다.
예 부모님을 존경하다.

존경하다

교과서에서는 '존중하다'는 주로 다른 사람의 생각이나 의견, 다른 문화 등과 관련한 낱말과 함께 쓰고, '존경하다'는 주로 특정 인물을 나타내는 낱말과 함께 써요.

재미있게 연습하기

빈칸에 더 어울리는 글자를 골라 길을 찾아보세요.

독립운동가를
존 ⬤ 해요.

경

중

나와 다른
생각을
존 ⬤ 해요.

경   중

다른 나라의
전통을
존 ⬤ 해요.

중

경

동생의 의견을
존 ⬤ 해요.

중   경

중

경

나는 가족 중에서
할머니를 가장
존 ⬤ 해요.

중

경

교과서를 이해해요

교과서에서 '존중하다'와 '존경하다'가 어떻게 쓰이는지 살펴보고, 문제를 풀어 보세요.

국어 2학년 2학기 | #조언하기 #발표 듣기

다른 사람에게 조언하는 방법을 알아보세요.
└→ 다른 사람에게 말로 해결 방법을 알려 주어 돕는 것

조언하는 사람은 듣는 사람의 마음에
공감하며 의견을 말해요.

듣는 사람은 조언한 사람의
의견을 존중해요.

01 빈칸에 똑같이 어울리는 낱말을 골라 ○표를 하세요.

• 친구들과 의논할 때는 다른 친구의 의견을 ☐.

• 발표를 들을 때는 친구의 말에 귀 기울이고, 친구의 생각을 ☐.

존중합니다　　　　존경합니다

02 문장에 더 어울리는 낱말을 골라 색칠하세요.

❶ 　강감찬 장군을 [존중해서] [존경해서] 관련한 위인전을 읽었습니다.

❷ 　다른 나라를 여행할 때는 그 나라의 문화를 [존중해야] [존경해야] 합니다.

인물 2학년 2학기 | #인물 조사하기

알아보고 싶은 인물을 정해 볼까요?

> 나는 역사 인물 중에서 신사임당을 가장 존경해. 그래서 신사임당을 알아보고 싶어.

> 나는 마을 지킴이 분들을 알아볼래. 그분들은 마을의 전통을 존중하고 전통을 잇고 계시거든.

03 주원이는 알고 싶은 인물을 찾아 정리했어요.
괄호 안에서 더 어울리는 낱말을 골라 ○표를 하세요.

❶ 세종대왕은 자기를 반대하는 신하들의 의견도 (존중했어요, 존경했어요). 그래서 당시에도 많은 사람이 세종대왕을 (존중했어요, 존경했어요).

❷ 해외에서 활약하고 있는 우리나라 축구 선수를 (존중해요, 존경해요). 그 선수는 축구도 잘하고 다른 선수를 (존중하며, 존경하며) 경기해요.

발견하다 / 발명하다

계절

새싹을
발견할 수 있어요.

물건

휴대용 선풍기를
발명했어요.

할머니, 창고에서
신기한 물건을
발견했어요.

그것은 옛날에 음악을
들을 때 사용했던 것이야.
이제는 새로운 기계가 발명되어서
잘 쓰지 않아.

그럼, 할머니는
이제 음악을 듣기
어려우시겠어요.

뭐라고?
음악 소리 때문에
잘 안 들리는구나.

꼼꼼하게 이해하기

발견하다
찾아내지 못했거나 알려지지 않은 것을 찾아내다.
예 우주에서 새로운 별을 발견하다.

발명하다
지금까지 없던 기술이나 물건을 새로 생각하여 만들어 내다.
예 우주의 별을 관찰할 수 있는 천체 망원경을 발명하다.

발견하다

발명하다

교과서에서는 '발견하다'는 원래부터 있던 것을 찾아내거나 알아낸다는 뜻으로 써요.
'발명하다'는 원래부터 없던 것을 새롭게 만들어 낸다는 뜻으로 써요.

재미있게 연습하기

문장에 알맞은 글자를 골라 색칠하세요.

에디슨은 전구를
발 견 명 했어요.

숨겨져 있던 상자를
발 견 명 했어요.

새로운 곤충을
발 견 명 했어요.

새로운 우주선을
발 견 명 하고 싶어요.

교과서를 이해해요

교과서에서 '발견하다'와 '발명하다'가 어떻게 쓰이는지 살펴보고, 문제를 풀어 보세요.

계절   2학년 2학기 | #계절별 식물 #열매 관찰

계절을 알려 주는 식물을 알아볼까요?

> 봄이 시작되면, 땅 위에서
> 새싹을 발견할 수 있어요.

> 가을에는 은행이나 도토리가 익어요.
> 낙엽 사이에서 떨어진 은행이나
> 도토리를 발견할 수 있어요.

01   괄호 안에서 알맞은 낱말을 골라 ○표를 하세요.

> 개구리, 뱀 등은 겨울에 잠을 자는 동물이에요. 등산을 하다가 겨울잠을 자는 동물을
> (발견하면, 발명하면), 동물이 잠에서 깨지 않게 조용히 지나가야 해요.

02   빈칸에 들어갈 알맞은 낱말을 선으로 이으세요.

> 돋보기로 복숭아의 보고, 껍질에 있는
> 털을 [   ] 신기했어요.

•   •   발견해서

> 여름에는 날씨가 더워요. 사람들이
> 에어컨을 [   ] 더운 여름을
> 시원하게 보낼 수 있어요.

•   •   발명해서

물건 2학년 2학기 | #발명 방법

어떤 방법으로 발명했을까요?

> 선풍기의 크기를 작게 만들어 휴대용 선풍기를 발명했어요.

> 빨대에 숟가락 모양을 더해서 숟가락 빨대를 발명했어요.

03 해준이는 생활용품이 어떻게 만들어졌는지 조사했어요.
문장에 알맞은 낱말을 골라 V표를 하세요.

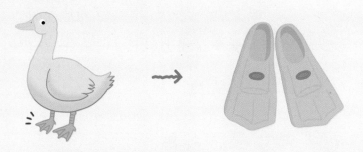

① 오리발의 발가락 사이에 있는 물갈퀴를
　　☐ 발견했어요.
　　☐ 발명했어요.

② 물갈퀴가 있으면 물속에서 빠르게 움직일 수 있다는 사실을
　　☐ 발견했어요.
　　☐ 발명했어요.

③ 물갈퀴의 모양을 활용해 헤엄칠 때 쓰는 '오리발'을
　　☐ 발견했어요.
　　☐ 발명했어요.

집다 / 짚다

인물

돌멩이를
집어서 가져와요.

물건

벽을 짚고
이동해요.

서술어를 익혀요

꼼꼼하게 이해하기

집다
손가락이나 발가락, 기구 등으로 물건을 잡아서 들다.
예 바닥에 떨어진 연필을 집다.

짚다
바닥이나 벽, 지팡이 등에 몸을 의지하다.
예 어지러워서 손으로 벽을 짚다.

집다
짚다

교과서에서는 두 낱말은 모양이 비슷해서 자주 헷갈려요. 물건을 잡는 동작일 때는 '집다'를 쓰고, 몸을 어딘가에 기대는 동작일 때는 '짚다'를 써요.

재미있게 연습하기

그림을 보고, 괄호 안에서 알맞은 낱말을 골라 ○표를 하세요.

손바닥으로 바닥을
(집어요, 짚어요).

떨어진 동전을
(집어요, 짚어요).

젓가락으로 국수를
(집어요, 짚어요).

할아버지가 지팡이를
(집고, 짚고) 있어요.

교과서를 이해해요

 교과서에서 '집다'와 '짚다'가 어떻게 쓰이는지 살펴보고, 문제를 풀어 보세요.

인물 | 2학년 2학기 | #사방치기 놀이 #씨름 놀이 #공기놀이

사방치기 놀이를 해 볼까요?

한 칸에 돌멩이를 던지고,
다른 칸들을 한 발로
뛰었다가 돌아와요.
돌아올 때, 돌멩이를
집어서 가져와요.

---

01 지아는 친구들과 할 수 있는 놀이를 알아봤어요.
빈칸에 들어갈 알맞은 낱말을 낱말 카드에서 골라 쓰세요.

집으며	짚으면	집어요	짚어요

친구와 공기놀이를 해요. 공기 알들을 바닥에 던져서 흩어 놓고, 그 가운데 하나를

❶ [   ]. 집은 공기 알을 위로 던지고, 바닥에 있는 공기 알을 ❷ [   ]

내려오는 공기 알을 받아요.

친구와 발로 씨름해요. 바닥에 쪼그리고 앉은 다음 무릎을 세우고 양손으로 바닥을

❸ [   ]. 발을 들어 발바닥을 서로 맞닿게 하고 힘을 주어 밀어요. 내 발이

친구의 발보다 먼저 바닥을 ❹ [   ] 져요.

78

2학년 2학기 | #화재 시 대피 방법 #생활에 필요한 물건

불이 났을 때 대피하는 방법을 말해 봅시다.

손수건이나 소매로 입을 막고
자세를 낮춰서 연기를 피해요.

연기 때문에 앞이 보이지 않으면,
벽을 찾아서 벽을 짚고 이동해요.

02 밑줄 그은 낱말이 맞으면 ○표, 틀리면 ×표에 표시하세요.

화재가 발생하면, 금속으로 만든 물건은
뜨거워지므로 맨손으로 <u>집지</u> 않아요.

○   ×

03 문장에 알맞은 낱말을 골라 색칠하세요.

❶   다리를 다친 사람은 목발을 집고 짚고 걸어요.

❷   아주 작은 물건은 손가락으로 집기 짚기 어려워, 핀셋을 사용해요.

★ 공부한 날짜
월　　　일

 아래 낱말을 찾아 색칠하세요.

발견하다　가리키다　다르다
집다　존경하다

1 　옛날에 솔로몬이라는 지혜로운 왕이 살았어요. 어느 날, 솔로몬은 두 여인이 한 아기를 두고 다투는 것을 발견했어요. 솔로몬이 그 까닭을 묻자, 두 여인은 서로 아기가 자기 아기라고 주장했어요.

2 　솔로몬은 아기를 가리키며 말했어요. "두 사람의 주장이 다르구나. 그렇다면 아기를 반으로 나누어라." 그 말을 들은 신하가 칼을 집자, 한 여인이 놀란 표정 으로 눈물을 흘리며 말했어요. "아기를 저 여인에게 주고, 아기를 살려 주세요." 다른 여인은 "저 여인의 말대로 아기를 나에게 주세요."라고 말했지요.

3 　㉠ 솔로몬은 울고 있는 여인이 진짜 엄마라고 말했어요. 실제로 다른 여인은 거짓말을 한 것이었어요. 이 일로 사람들은 솔로몬을 더욱 존경했어요.

낱말의 첫 자음자를 보고, 빈칸에 들어갈 알맞은 낱말을 쓰세요.

아기를

ㄱ			

두 여인의 주장이

ㄷ		

.

이야기를 이해해요

01

솔로몬에 대한 설명으로 옳은 것은? (✏️   )

❶ 지혜로운 왕이었어요.

❷ 아기를 반으로 나누었어요.

❸ 두 여인의 주장이 서로 같다고 생각했어요.

02

이 글에 대한 설명으로 알맞은 낱말을 골라 ○표를 하세요.

❶ 두 여인의 주장이 서로 달랐어요   틀렸어요 .

❷ 솔로몬은 아기를 가리키며   가르치며 아기를 나누라고 말했어요.

❸ 사람들은 문제를 지혜롭게 해결한 솔로몬을 더욱 존경했어요   존중했어요 .

03

솔로몬이 ㉠과 같이 말한 까닭을 옳게 말한 친구에게 V표를 하세요.

아기를 다치지 않게 하려는 엄마의 마음을 알았기 때문이야.

울고 있던 여인이 다른 여인보다 말을 더 잘했기 때문이야.

자신 있게 사용할 수 있는 서술어에 색칠하세요.

| 가리키다 | 다르다 | 존중하다 | 발견하다 | 집다 |
| 가르치다 | 틀리다 | 존경하다 | 발명하다 | 짚다 |

4주 활동을 안내하는 서술어

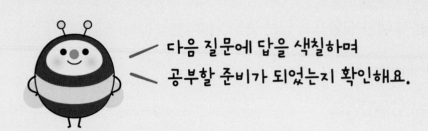

다음 질문에 답을 색칠하며
공부할 준비가 되었는지 확인해요.

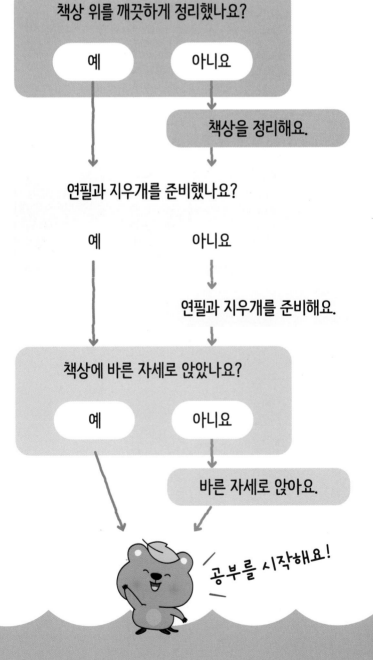

책상 위를 깨끗하게 정리했나요?

예 　아니요

책상을 정리해요.

연필과 지우개를 준비했나요?

예 　아니요

연필과 지우개를 준비해요.

책상에 바른 자세로 앉았나요?

예 　아니요

바른 자세로 앉아요.

공부를 시작해요!

이번 주에는 무엇을 배울까요?

알고 있는 서술어에 색칠하세요.

정하다

확인하다

설명하다

의논하다

관찰하다

확인하다

국어	수학	기억
발표를 잘했는지 확인해 봅시다.	길이를 자로 재어 확인해 보세요.	안전 약속을 확인해요.

서술어를 익혀요

꼼꼼하게 이해하기

확인하다
틀림없이 그러한가를 알아보거나 인정하다.

예 친구의 전화번호를 확인하다.

예 신문의 내용이 사실인지 확인하다.

무엇을
|
확인하다

교과서에서는 국어에서는 주로 활동한 뒤에 활동 내용을 점검할 때 쓰고, 수학에서는 어림하거나 예상한 수가 실제로 맞는지 알아볼 때 써요.

재미있게 연습하기

길을 따라가며 만나는 낱말을 빈칸에 순서대로 써넣어 문장을 완성하세요.

시간표

수영장

구슬

꼼꼼하게

개수

안전 수칙

| 을 세서 | 를 | 의 |
| 를 확인해요. | 확인해요. | 을 확인해요. |

교과서를 이해해요

 교과서에서 '확인하다'가 어떻게 쓰이는지 살펴보고, 문제를 풀어 보세요.

국어 2학년 2학기 | #발표하기 #스스로 점검하기

발표를 잘했는지 스스로 **확인해** 봅시다.

점검하기

• 바른 말로 발표했다. (△)
• 정확한 발음과 바른 자세로 발표했다. (○)

저는 바른 말을 사용하는 것이 부족했지만, 발음이 정확했고 자세가 발랐습니다.

수학 2학년 2학기 | #길이 재기

축구 골대의 긴 쪽의 길이를 어림한 후 자로 재어 **확인해** 보세요.

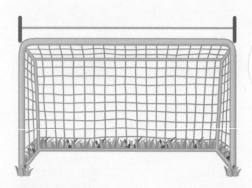

자로 재어 **확인해** 보면, 축구 골대의 긴 쪽의 길이는 7m입니다.

기억 2학년 2학기 | #안전 약속 #심폐 소생술

안전 약속을 **확인하고** 연습해 보세요.

스마트폰 게임에 중독되지 않게 약속한 시간에만 게임하기로 했어요. 그래서 하루에 30분만 게임하는 연습을 하고 있어요.

01

글자 카드를 순서에 맞게
써넣어 빈칸에 들어갈
낱말을 완성하세요.

요 확 해 인

친구가 바른 말을 사용하는지 [   ].

02

빈칸에 들어갈 낱말을
아래 낱말 카드에서 골라
쓰세요.

생각해

확인해

책장의 짧은 쪽의 길이를
1m로 어림하였는데, 자로

재어 [   ] 보니

1m 20cm입니다.

03

빈칸에 똑같이 들어갈
낱말을 골라 ○표를
하세요.

심폐 소생술을 하기 전에 먼저 환자의 의식이 있는지
[   ]. 자동 심장 충격기를 써야 한다면, 기계에
적혀 있는 사용법을 꼭 [   ].

생각해요   확인해요

정하다

수학

규칙을 정해서
무늬를 꾸며요.

물건

기준을 정해
도구를 모아 볼까요?

인물

순서를 정해
볼까요?

꼼꼼하게 이해하기

정하다

규칙이나 법 등의 적용 범위를 결정하다.

예 교실에서 지켜야 할 규칙을 정하다.

예 어린이를 보호하는 규정을 법으로 정하다.

무엇을
|
정하다

교과서에서는 '정하다' 앞에는 주로 정해야 할 내용이 와요. 위의 뜻으로 쓰일 경우, '규칙', '기준' 등과 함께 쓰여요. '경주를 여행지로 정하다.'에서처럼 '여럿 가운데 선택하거나 판단하여 결정하다.'라는 뜻도 있어요.

재미있게 연습하기

채소의 잎에 쓰인 낱말을 활용해 문장을 완성하세요.

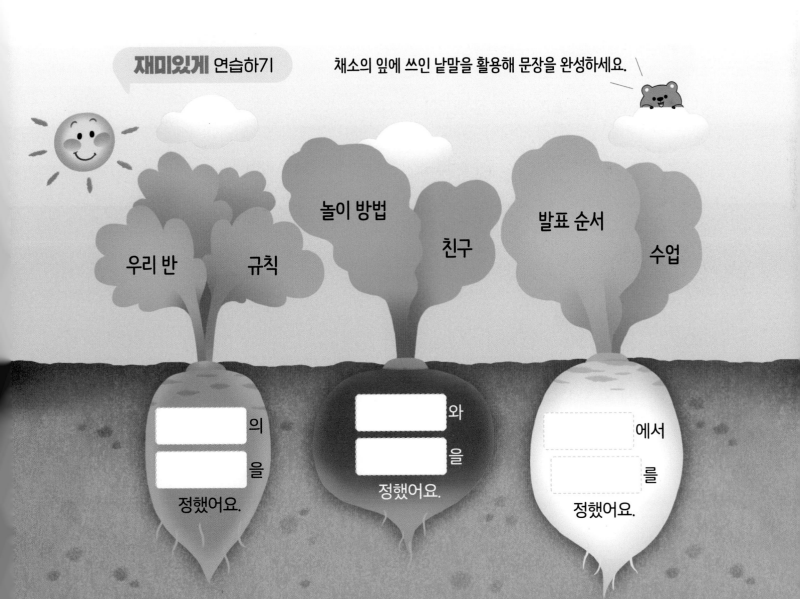

89

교과서를 이해해요

 교과서에서 '정하다'가 어떻게 쓰이는지 살펴보고, 문제를 풀어 보세요.

수학　2학년 2학기 | #규칙 찾기

규칙을 정해서 무늬를 꾸며 보세요.

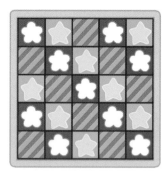

저는 🌸, ⭐, ▨ 무늬가 번갈아 한 번씩 나오는 것을 규칙으로 정했습니다.

물건　2학년 2학기 | #물건의 특징

다양한 도구를 살펴보고 기준을 정해 모아 볼까요?

도구를 모으는 기준을 사용하는 장소로 정했어요. 사용하는 장소에 따라 모아 보면, 가스레인지, 냉장고, 냄비는 부엌에서 사용하는 도구예요.

인물　2학년 2학기 | #이어 뛰기 #인물 조사하기

순서를 정해 연속해서 제자리멀리뛰기를 하며 놀아 볼까요?

모둠에서 뛸 순서를 정해요. 첫 번째 사람이 멀리 뛰고 나서 그 자리에 앉으면, 두 번째 사람이 앉은 자리에서 이어서 뛰어요.

01

그림을 보고, 문장에 알맞은
낱말을 골라 색칠하세요.

그림 속 과자를 분류하는 기준을
| 모양 | 색깔 | (으)로 | 정해요 | 비교해요 |.

02

밑줄 그은 낱말의 뜻으로
알맞은 것을 골라 ○표를
하세요.

한 가지 기준을 정해서 교실 물건들을 나눠요.

규칙이나 법 등의
적용 범위를 결정하다.

여럿 가운데 선택하거나
판단하여 결정하다.

03

밑줄 그은 내용과 바꾸어
쓸 수 있는 낱말을 쓰세요.

인물을 조사하는 활동을 할 때, 모둠에서 지켜야 할
규칙을 적용할 범위를 결정했어요.

설명하다

국어

물건에 대해
설명해 봅시다.

계절

내가 표현한 계절을
설명해 볼까요?

서술어를 익혀요

꼼꼼하게 이해하기

설명하다

어떤 일이나 내용을 다른 사람이 잘 알 수 있도록 밝혀 말하다.

예 도서관에 가는 길을 설명하다.

예 동생에게 컴퓨터 사용 방법에 대해 설명하다.

무엇을

↓

설명하다

교과서에서는 '물건에 대해 설명해 봅시다.' '내가 표현한 계절을 설명해 봅시다.'와 같이 알고 있는 내용이나 활동 결과물을 알리는 활동을 할 때 주로 쓰여요.

재미있게 연습하기

그림을 보고, 괄호 안에 들어갈 알맞은 낱말의 번호를 써넣어 문장을 완성하세요.

2 친구

4 일

1 아빠

6 그림

3 학생들

5 방법

(　　　)에게 (　　　)의 내용을 설명해요.

(　　　)께 내가 겪은 (　　　)을 설명해요.

(　　　)에게 일기 쓰는 (　　　)을 설명해요.

교과서를 이해해요

 교과서에서 '설명하다'가 어떻게 쓰이는지 살펴보고, 문제를 풀어 보세요.

국어 2학년 2학기 | #설명하는 글쓰기

주변을 둘러보고 물건을 정해 친구에게 **설명해** 봅시다.

이 물건은 동그란 모양이에요.
동그란 원 안에는 1부터 12까지의
숫자가 있고, 짧은바늘과
긴바늘이 숫자를 가리키고 있어요.

---

01 지호네 모둠에서 물건을 소개하는 활동을 하고 있어요.
다음 활동에 알맞은 대답을 한 친구에게 V표를 하세요.

보온병의 겉모양을 설명해 보세요.

☐

물을 담아 보관해요.
따뜻한 물을 담아두면,
잘 식지 않아서 언제든지
따뜻한 물을 마실 수 있어요.

☐

둥근 기둥 모양이에요.
몸통은 보라색이고
주황색 무늬가 있어요.
몸통에 고리가 달려 있어요.

계절 2학년 2학기 | #계절 표현하기

내가 고른 색으로 계절을 표현하고, 친구들에게 **설명해** 볼까요?

초록색과 파란색을 골라
여름을 표현했어요. 초록색으로는
푸릇푸릇한 나무를, 파란색으로는
맑은 하늘을 표현했어요.

02 밑줄 그은 내용과 바꾸어 쓸 수 있는 낱말을 골라 ○표를 하세요.

> 사계절 중에서 내가 가장 좋아하는 계절을 고르고, 그 계절을 좋아하는 까닭을 <u>다른 사람이 잘 알 수 있도록 밝혀 말해요.</u>

설명해요   질문해요

03 문장에 알맞은 낱말을 골라 색칠하세요.

① 친구에게 놀이 방법을 자세히 [살펴봐요] [설명해요].

② 상대방에게 예를 들어 [설명하면] [알아보면], 쉽게 이해할 수 있어요.

의논하다

서술어를 익혀요

꼼꼼하게 이해하기

의논하다
어떤 일에 대하여 서로 의견을 주고받다.

예 문제의 해결 방법을 의논하다.
예 모둠에서 조사 계획을 의논하다.

무엇을
┃
의논하다

교과서에서는 '의논하다'라는 낱말은 '의견을 나누다.'로 바꾸어 쓰기도 해요. '의논하다' 앞에는 의논해야 할 내용이 나와요.

재미있게 연습하기

그림을 보고, 문장에 들어갈 알맞은 내용을 골라 쓰세요.

발표 방법 　　　 쓰레기 문제 　　　 들어갈 내용

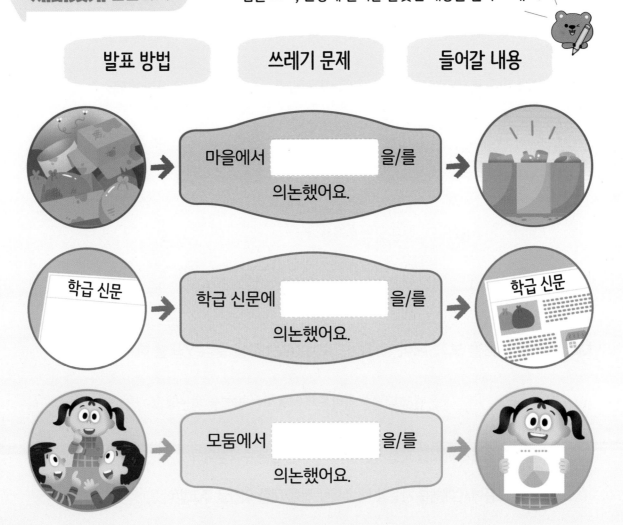

마을에서 [　　　]을/를 의논했어요.

학급 신문에 [　　　]을/를 의논했어요.

모둠에서 [　　　]을/를 의논했어요.

교과서를 이해해요

 교과서에서 '의논하다'가 어떻게 쓰이는지 살펴보고, 문제를 풀어 보세요.

국어 2학년 2학기 | #설명하는 글쓰기

설명하는 글에서 고쳐야 할 점에 대해 의견을 나누어 보세요.

술래잡기를 설명하는 글에서
고쳐야 할 내용에 대해 의논해 보자.

설명하는 글에서 놀이 장소를 교실이라고 했어.
교실에서 뛰면 위험하니,
운동장으로 고치면 좋을 것 같아.

01 글자 카드를 순서에 맞게 써넣어 빈칸에 들어갈 낱말을 완성하세요.

해 　 논 　 요 　 의

친구들과 쓰고 싶은 글의 주제를 ☐☐☐☐ .

02 다음 내용을 보고, 해야 할 행동으로 알맞은 것을 골라 V표를 하세요.

모둠에서 매체를 올바르게 사용하는 방법을 의논해 보세요.

☐ 모둠에서 매체를 직접 사용해 보고, 느낀 점을 주고받아요.

☐ 모둠에서 매체를 사용할 때 주의할 점에 대한 의견을 주고받아요.

인물 2학년 2학기 | #인물 조사하기

어떤 인물을 초대할지 **의논해** 볼까요?

삶이 궁금한 인물을
초대하면 어떨까?

좋은 생각이야.
나는 우리 할머니를
초대하고 싶어.

03 유나네 모둠에서 만나고 싶은 인물을 초대하려고 해요.
의논해야 할 내용과 알맞은 결정을 선으로 이으세요.

누구를 초대할지 의논해요. •	• 우리 반으로 초대해요.
어디로 초대할지 의논해요. •	• 마을 경찰관을 초대해요.
어떻게 초대할지 의논해요. •	• 인물의 이야기를 들어요.
초대해서 무엇을 할지 의논해요. •	• 초대장을 만들어 전해요.

관찰하다

물건

주변의 물건 중
하나를 관찰해 볼까요?

계절

잠자리가 날아다니는
모습을 관찰해 볼까요?

서술어를 익혀요

꼼꼼하게 이해하기

관찰하다

어떤 대상이나 현상을 주의하여 자세히 살펴보다.

例 달의 모양을 관찰하다.

例 사람들의 행동을 관찰하다.

무엇을

관찰하다

교과서에서는 '관찰하다'라는 낱말은 '~을/를 자세히 알아보다.' 또는 '~을/를 자세히 살펴보다.'로 바꾸어서 쓰기도 해요.

재미있게 연습하기

그림을 보고, 카드에 적힌 낱말을 빈칸에 써넣어 문장을 완성하세요.

| 구름의 | 관찰해요. | 움직임을 |

| 관찰해요. | 자라는 모습을 | 식물이 |

교과서를 이해해요

 교과서에서 '관찰하다'가 어떻게 쓰이는지 살펴보고, 문제를 풀어 보세요.

물건 ｜ 2학년 2학기 ｜ #물건 관찰하기 #불편함 해결하기

주변의 물건 중 하나를 정해서 자세히 알아볼까요?

> 저는 색연필을 관찰했어요.
> 색연필의 윗부분을 돌리면,
> 몸통에서 떨어져요. 몸통 안에는
> 색연필 심이 있어요.

01 밑줄 그은 내용과 바꾸어 쓸 수 있는 낱말을 골라 V표를 하세요.

돋보기로 물건을 주의하여 자세히 <u>살펴봐요</u>.

☐ 감상해요　　　　☐ 관찰해요　　　　☐ 상상해요

02 빈칸에 들어갈 알맞은 내용을 골라 ○표를 하세요.

공중화장실에서 세면대를 쓰는 어린이들의 ⏢성격⏢ ⏢행동⏢ 을
⏢관찰했어요⏢ ⏢짐작했어요⏢. 어린이들은 세면대가 높아서
손을 씻기 어려웠어요. 어린이들을 위한 낮은 세면대를 만들면
문제를 해결할 수 있어요.

계절   2학년 2학기 | #자연 관찰하기 #열매 관찰하기

잠자리가 날아다니는 모습을 관찰해 볼까요?

잠자리는 꽃이나 풀숲 주변을 날아요.
날개는 모두 4개인데,
양쪽에 2개씩 있어요.

03   승원이는 사과를 살펴보고, 사과의 특징을 정리했어요.
다음 그림을 보고, 괄호 안에 들어갈 알맞은 내용을 골라 번호를 쓰세요.

겉모습 →   ← 속 모습

① 껍질이 매끄러워요.   ② 색이 연한 노란색이에요.

③ 색이 빨간색이에요.   ④ 가운데에 검은색 씨가 있어요.

겉모습을 관찰하니, (　 , 　)   속 모습을 관찰하니, (　 , 　)

이야기를 읽어요

★ 공부한 날짜

월   일

 아래 낱말을 찾아 색칠하세요.

관찰하다   확인하다   의논하다

정하다   설명하다

1 　생쥐들이 사는 마을에 고양이가 나타났어요. 생쥐들은 며칠 동안 고양이의 행동을 관찰했어요. 그리고 고양이가 생쥐를 해친다는 것을 확인했지요.

2 　생쥐들은 고양이를 피할 방법을 의논했어요. 너도나도 한 마디씩 하기 시작했어요. "지난번에 회의 규칙을 ㉠ 정했으니까, 규칙대로 돌아가며 이야기하자." 한 생쥐가 자기가 생각한 방법을 설명했어요. "고양이 목에 방울을 달면 고양이가 올 때마다 소리가 나서 피할 수 있어." 생쥐들은 모두 이 생각에 찬성했어요.

3 　뒤이어 한 생쥐가 말했어요. "누가 고양이 목에 방울을 달래?" 그러나 누구도 나서지 않았어요. 결국 생쥐들은 고양이 목에 방울을 달지 못했고, 예전처럼 고양이를 피해 숨어서 지내야 했어요.

낱말의 첫 자음자를 보고, 빈칸에 들어갈 알맞은 낱말을 쓰세요.

방법을

ㅇ | | | |

자기가 생각한 방법을

ㅅ | | | |

104

이야기를 이해해요

01

이 글에서 일이 일어난 순서대로 빈칸에 번호를 쓰세요.

☐ 생쥐들은 고양이의 행동을 자세히 살펴봤어요.

☐ 생쥐들은 고양이 목에 방울을 달자는 생각에 찬성했어요.

☐ 생쥐들은 고양이를 피할 방법에 대해 서로 의견을 주고받았어요.

02

㉠과 다른 뜻으로 사용한 낱말을 골라 보세요. (✏️   )

❶ 함께 읽을 책을 정하자.

❷ 학급 회의에서 규칙을 정하자.

❸ 새로운 놀이의 진행 방법을 정하자.

03

이 글의 중심 내용은 무엇인가요? (✏️   )

❶ 문제가 일어나면 여럿이 의논해서 해결 방법을 찾아야 해요.

❷ 아무리 좋은 생각이라도 실제로 행동하지 않으면 소용이 없어요.

❸ 자기 생각을 설명할 때는 상대방이 이해할 수 있도록 말해야 해요.

자신 있게 사용할 수 있는 서술어에 색칠하세요.

확인하다   정하다   설명하다   의논하다   관찰하다

1 - 3 왼쪽 뜻에 알맞은 낱말을 골라 V표를 하시오.

1 | 권리나 결과, 재산 등을 차지하다 | ◯ 얻다　◯ 넘다

2 | 바닥이나 벽, 지팡이 등에 몸을 의지하다. | ◯ 집다　◯ 짚다

3 | 틀림없이 그러한가를 알아보거나 인정하다. | ◯ 의논하다　◯ 확인하다

4 - 6 문장에 알맞은 낱말을 보기에서 골라 쓰시오.

> 보기　　　세웠다　　옮겼다　　풀렸다

4 다음 장소로 걸음을 ☐☐☐.

5 4월이 되서야 날씨가 ☐☐☐.

6 새 학기에 공부 계획을 ☐☐☐.

7 밑줄 그은 낱말의 뜻이 다른 것은?　　(✏️　　　　)

❶ 벽의 틈새가 벌어졌어요.

❷ 생각했던 일이 벌어졌어요.

❸ 놀라서 눈이 크게 벌어졌어요.

8 - 10 문장에 알맞은 낱말을 골라 색칠하시오.

8 나와 친구는 등교 시간이 | 달라요 | 틀려요 |.

9 내 생각과 다른 친구의 생각을 | 존경해요 | 존중해요 |.

10 친구를 소개할 때는 손바닥으로 친구를 | 가리켜요 | 가르쳐요 |.

11 ㉠, ㉡에 들어갈 알맞은 낱말을 보기에서 골라 쓰시오.

보기　발견했다　　발명했다　　설명했다　　의논했다

동생이 나무 아래에서 야생 버섯을 ㉠ [　　　]. 나는 동생에게

야생 버섯을 함부로 만지거나 먹으면 안 된다고 ㉡ [　　　].

12 빈칸에 들어갈 알맞은 낱말을 선으로 이으시오.

반에서 지켜야 할 약속을 [　　　]. ❶ ・　　・ ㉠ 정하다

새싹의 모습을 돋보기로 [　　　]. ❷ ・　　・ ㉡ 관찰하다

13 괄호 안에 들어갈 알맞은 낱말을 골라 ○표를 하시오.

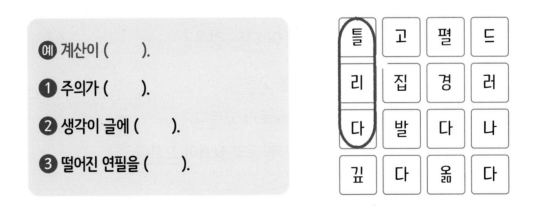

(예) 계산이 (　　　).

❶ 주의가 (　　　).

❷ 생각이 글에 (　　　).

❸ 떨어진 연필을 (　　　).

틀	고	펼	드
리	집	경	러
다	발	다	나
깊	다	옮	다

14 - 15 왼쪽 낱말을 넣어서 한 문장을 써 보시오.

14 고르다 ✏ _____

15 펼치다 ✏ _____

1 - 3 뜻에 알맞은 낱말을 보기 에서 골라 쓰시오.

> 보기   의논하다   존경하다   존중하다

1 [ ][ ][ ][ ] : 높이어 귀중하게 대하다.

2 [ ][ ][ ][ ] : 어떤 일에 대하여 서로 의견을 주고받다.

3 [ ][ ][ ][ ] : 다른 사람의 인격, 생각, 행동 등을 받들어 공경하다.

4 - 6 문장에 알맞은 낱말을 골라 V표를 하시오.

4 내 생각을 글로 마음껏 [ ] 펼쳐요 [ ] 세워요 .

5 크게 웃으면 치아가 [ ] 드러나요 [ ] 벌어져요 .

6 학생에게 한자 쓰는 방법을 [ ] 가리켜요 [ ] 가르쳐요 .

7 밑줄 그은 낱말의 뜻이 <u>다른</u> 것은?　　　(✏　　　)

❶ 마음에 드는 색깔을 <u>고르다</u>.

❷ 마을에 새로 만든 도로가 <u>고르다</u>.

❸ 악기를 연주하는 사람들의 실력이 <u>고르다</u>.

8 - 10 문장에 알맞은 낱말을 골라 ○표를 하시오.

8 물웅덩이를 뛰어서 넘지 옮기지 않아요.

9 손바닥으로 뜀틀의 윗부분을 집고 짚고 뛰어요.

10 새로운 기계를 발견하여 발명하여 생활이 편리해졌어요.

11 빈칸에 들어갈 알맞은 낱말을 선으로 이으시오.

대화를 하면 오해가
❶ [   ].

❷ 무거운 상자를 함께
들어 [   ].

ㄱ 옮겨요

ㄴ 풀려요

12 빈칸에 똑같이 들어갈 수 있는 낱말을 골라 색칠하시오.

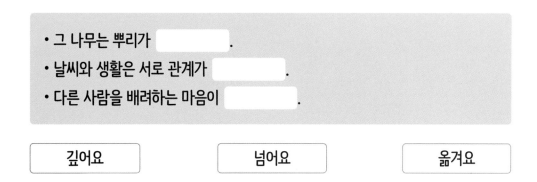

- 그 나무는 뿌리가 [   ].
- 날씨와 생활은 서로 관계가 [   ].
- 다른 사람을 배려하는 마음이 [   ].

깊어요   넘어요   옮겨요

13 초성을 보고 괄호 안에 들어갈 알맞은 낱말을 쓰시오.

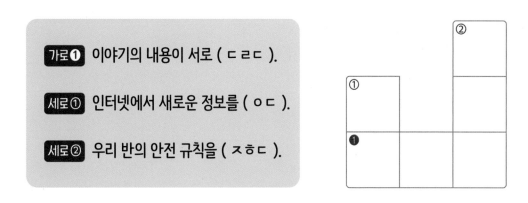

가로❶ 이야기의 내용이 서로 (ㄷㄹㄷ).

세로① 인터넷에서 새로운 정보를 (ㅇㄷ).

세로② 우리 반의 안전 규칙을 (ㅈㅎㄷ).

14 - 15 왼쪽 낱말을 넣어서 한 문장을 써 보시오.

14 틀리다 ✏ _____

15 확인하다 ✏ _____

스스로
평가하기 ☺ 잘함 ☹ 보통임 ☹ 부족함

109

하루하루 완성하는
칠교그림

1일

3일

2주
이야기

12일

14일

1주
이야기

5일

20일

7일

9일

19일

4주
이야기

18일

17일

8일

멍멍

3주
이야기

6일

10일

2일

4일

13일

11일

15일

16일

다음에도 함께
공부하자.

공부로 이끄는 힘!

완자
공부력

교과서
문해력

교과서가 술술 읽히는
서술어

| 정답과 해설 |

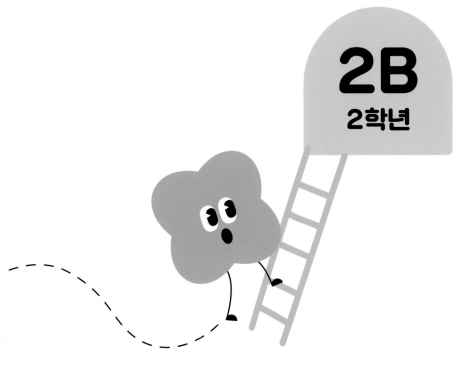

2B
2학년

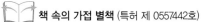
정답과 해설

QR코드

visang

ABOVE IMAGINATION

우리는 남다른 상상과 혁신으로
교육 문화의 새로운 전형을 만들어
모든 이의 행복한 경험과 성장에 기여한다

공부로 이끄는 힘

완자 공부력

교과서 문해력
교과서가 술술 읽히는 서술어 2B

| 정답과 해설 |

정답과 해설을
함께 보며 실력을
탄탄하게 다져요.

풀리다

서술어를 익혀요

본문 13쪽

재미있게 연습하기

괄호 안에 들어갈 알맞은 낱말의 번호를 쓰세요.

① 끈　② 기분　③ 날씨
④ 밧줄　⑤ 오해　⑥ 추위

묶어 있던 ( )이/가 풀렸어요. ① ④

화가 난 친구의 ( )이/가 풀렸어요. ② ⑤

어제는 추웠는데, 오늘부터 ( )이/가 풀렸어요. ③ ⑥

첫 번째 문장에서 '풀리다'는 묶이거나 감긴 것, 합쳐진 것이 그렇지 않게 된다는 뜻으로, 괄호 안에 '끈', '밧줄'이 들어갈 수 있어요. 두 번째 문장에서 '풀리다'는 일어난 감정 등이 누그러진다는 뜻으로, 괄호 안에는 '기분', '오해'가 들어갈 수 있어요. 세 번째 문장에서 '풀리다'는 춥던 날씨가 누그러진다는 뜻으로 괄호 안에 '날씨', '추위'가 들어갈 수 있어요.

지도 TIP 👉 문장의 첫 부분을 살펴보고 문장에서 '풀리다'가 어떤 뜻으로 쓰였는지 알 수 있도록 지도해요.

교과서를 이해해요

본문 15쪽

01

상했다　　　풀렸다

01 제시된 문장은 놀이공원에 도착하니 기분이 누그러졌다는 뜻이에요. 따라서 빈칸에 들어갈 낱말은 '풀렸다'가 알맞아요. '상하다'는 근심, 슬픔, 노여움 등으로 마음에 들지 않거나 좋지 않다는 뜻이에요.

02

3월이 되었는데 꽃샘추위로 추위가 풀리지 않았습니다. 요즘 바람이 많이 불어 현수막이 날아갈 수 있으니, 현수막 끈이 풀리지 않도록 조심합니다.

02 '현수막 끈이 풀리지 않도록 조심합니다.'에서 '풀리다'는 묶이거나 감긴 것, 합쳐진 것이 그렇지 않게 된다는 뜻이에요.

03

☐ 스웨터의 올이 풀렸어요.

☐ 저고리의 고름이 풀렸어요.

☑ 시간이 지나자 기분이 풀렸어요.

03 '올이 풀렸어요.'와 '고름이 풀렸어요.'에서 '풀리다'는 묶이거나 감긴 것, 합쳐진 것이 그렇지 않게 된다는 뜻이에요. '기분이 풀렸어요.'에서 '풀리다'는 일어난 감정 등이 누그러진다는 뜻이에요.

세우다

 서술어를 익혀요

본문 17쪽

재미있게 연습하기

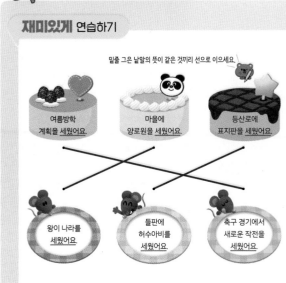

밑줄 그은 낱말의 뜻이 같은 것끼리 선으로 이으세요.

여름방학 계획을 세웠어요.
마을에 양로원을 세웠어요.
등산로에 표지판을 세웠어요.
왕이 나라를 세웠어요.
들판에 허수아비를 세웠어요.
축구 경기에서 새로운 작전을 세웠어요.

'여름방학 계획을 세웠어요.'와 '축구 경기에서 새로운 작전을 세웠어요.'에서 '세우다'는 계획이나 해결 방법 등을 정하거나 짠다는 뜻이에요. '마을에 양로원을 세웠어요.'와 '왕이 나라를 세웠어요.'에서 '세우다'는 나라나 기관 등을 처음으로 생기게 한다는 뜻이에요. '등산로에 표지판을 세웠어요.'와 '들판에 허수아비를 세웠어요.'에서 '세우다'는 어떤 물체를 수직으로 있게 한다는 뜻이에요.

지도TIP 👉 제시된 문장을 보고 '세우다'의 뜻을 구분할 수 있도록 지도해요.

교과서를 이해해요

본문 19쪽

01
| 어떤 물체를 수직으로 있게 하다. | 계획이나 해결 방법 등을 정하거나 짜다. |

02
짓고   세우고   만들고

03 ☑
   ☐

01 '여름 태풍에 대한 대비책을 세워요.'에서 '세우다'는 계획이나 해결 방법 등을 정하거나 짠다는 뜻이에요.

지도TIP 👉 '대비책'의 뜻이 앞으로 일어날지 모르는 일에 대비하기 위한 방법임을 알려 주세요.

02 첫 번째 빈칸에 들어갈 '세우다'는 나라나 기관 등을 처음으로 생기게 한다는 뜻이에요. 두 번째 빈칸에 들어갈 '세우다'는 계획이나 해결 방법 등을 정하거나 짠다는 뜻이에요.

03 휴지 심 4개를 바닥에 세우고 그 위에 책을 얹은 모습을 나타낸 그림은 왼쪽 그림이에요. 오른쪽 그림은 휴지 심과 책이 모두 세워진 모습이에요.

얻다

서술어를 익혀요

본문 21쪽

재미있게 연습하기

밑줄 그은 낱말의 뜻이 쓰인 우주선을 찾고,
승차권에서 알맞은 도착지를 골라 색칠하세요.

이야기를 나누며 지혜를 얻었어요.
도착지: 목성 **태양**

모둠 활동에서 좋은 결과를 얻었어요.
도착지: **목성** 태양

우리나라 선수가 승리를 얻었어요.
도착지: 목성 **태양**

여행하며 다양한 경험을 얻었어요.
도착지: **목성** 태양

목성 행

태양 행

구하거나 찾아서 가지다.

권리나 결과, 재산 등을 차지하다.

'우리나라 선수가 승리를 얻었어요.'와 '모둠 활동에서 좋은 결과를 얻었어요.'에서 '얻다'는 권리나 결과, 재산 등을 차지한다는 뜻이에요. '이야기를 나누며 지혜를 얻었어요.'와 '여행하며 다양한 경험을 얻었어요.'에서 '얻다'는 구하거나 찾아서 가진다는 뜻이에요.

지도 TIP 👉 '얻다'의 뜻에 따라 어울리는 낱말을 안내해요. '얻다'가 구하거나 찾아서 가진다는 뜻으로 쓰일 때는 '경험', '지혜', '정보', '지식', '배움' 등의 낱말과 어울리고, 권리나 결과 재산 등을 차지한다는 뜻으로 쓰일 때는 '승리', '결과', '점수', '이득', '재산' 등의 낱말과 어울려요.

교과서를 이해해요

본문 22~23쪽

01

얻	어	요

02

공부를 해서 지식을 얻었어요.

학교생활에서 배움을 얻었어요.

학급 회의에서 찬성표를 얻었어요.

03 1점 과녁에 맞힌 공의 수는 3개이니, 1×3= 1 **3** 5 이고,
2점 과녁에 맞힌 공의 수는 2개이니, 2×2= 1 2 **4** (이)야.
3점 과녁에 맞힌 공의 수는 1개이니, 3×1= 1 **3** 6 이야.
그래서 나는 10점을 **얻었어** 잃었어.

01 '얻다'에는 구하거나 찾아서 가진다는 뜻이 있어요. 따라서 밑줄 그은 '찾아서 구해요'와 바꾸어 쓸 수 있는 낱말은 '얻어요'예요.

02 '공부를 해서 지식을 얻었어요.'와 '학교생활에서 배움을 얻었어요.'에서 '얻다'는 구하거나 찾아서 가진다는 뜻이에요. '학급 회의에서 찬성표를 얻었어요.'에서 '얻다'는 권리나 결과, 재산 등을 차지한다는 뜻이에요.

03 1×3=3이고 2×2=4이며 3×1=3이에요. 따라서 선우는 공을 던져서 10점을 얻었어요.

벌어지다

서술어를 익혀요

본문 25쪽

재미있게 연습하기

밑줄 그은 낱말과 알맞은 뜻을 선으로 이으세요.

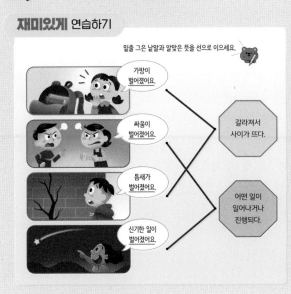

가방이 벌어졌어요.

싸움이 벌어졌어요.

틈새가 벌어졌어요.

신기한 일이 벌어졌어요.

갈라져서 사이가 뜨다.

어떤 일이 일어나거나 진행되다.

'가방이 벌어졌어요.'와 '틈새가 벌어졌어요.'에서 '벌어지다'는 갈라져서 사이가 뜬다는 뜻이에요. '싸움이 벌어졌어요.'와 '신기한 일이 벌어졌어요.'에서 '벌어지다'는 어떤 일이 일어나거나 진행된다는 뜻이에요.

지도 TIP 👉 제시된 그림과 문장을 함께 보며 '벌어지다'의 뜻을 구분할 수 있도록 지도해요.

교과서를 이해해요

본문 26~27쪽

01 옛날에 한 소년이 댐에 틈이 생긴 것을 보았어요. 손톱만큼 작았던 틈이 점점 <u>벌어졌어요</u>. 소년은 '틈이 더 <u>벌어지면</u>, 댐이 무너지는 일이 벌어질 수 있어.'라고 생각했어요. 소년은 댐이 무너지지 않게 밤새 손바닥으로 틈을 막았어요. 다음 날 사람들은 소년이 댐을 막고 있는 일이 벌어져 있어 매우 놀랐어요.

02

벌어져요

이루어져요

03

☐ 친구들 사이에서 말다툼이 벌어졌어요.

☑ 단추를 제대로 잠그지 않아 옷 사이가 벌어졌어요.

01 틈이 벌어졌다는 내용에서 '벌어지다'는 갈라져서 사이가 뜬다는 뜻이에요. 일이 벌어졌다는 내용에서 '벌어지다'는 어떤 일이 일어나거나 진행된다는 뜻이에요.

02 첫 번째 문장의 빈칸에 들어갈 '벌어지다'는 갈라져서 사이가 뜬다는 뜻이고, 두 번째 문장의 빈칸에 들어갈 '벌어지다'는 어떤 일이 일어나거나 진행된다는 뜻이에요. '이루어지다'는 어떤 대상에 의하여 일정한 상태나 결과가 생기거나 만들어진다는 뜻과 뜻한 대로 된다는 뜻이 있어요.

03 '상처 부위가 벌어질 수 있어요.'와 '옷 사이가 벌어졌어요.'에서 '벌어지다'는 갈라져서 사이가 뜬다는 뜻이에요. '말다툼이 벌어졌어요.'에서 '벌어지다'는 어떤 일이 일어나거나 진행된다는 뜻이에요.

서술어를 익혀요

본문 29쪽

재미있게 연습하기

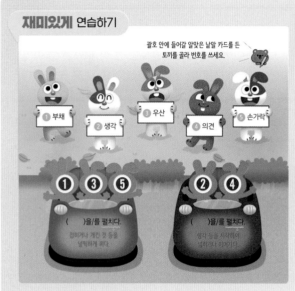

괄호 안에 들어갈 알맞은 낱말 카드를 든 토끼를 골라 번호를 쓰세요.

① 부채 ② 생각 ③ 우산 ④ 의견 ⑤ 손가락

① ③ ⑤   ② ④

( )을/를 펼치다.
접히거나 개킨 것 등을
널찍하게 펴다.

( )을/를 펼치다.
생각 등을 시작하여
넓히거나 이어가다.

'펼치다'가 접히거나 개킨 것 등을 널찍하게 편다는 뜻으로 쓰인 문장에는 '부채', '우산', '손가락', '돗자리', '날개' 등이 어울려요. '펼치다'가 생각 등을 시작하여 넓히거나 이어간다는 뜻으로 쓰인 문장에는 '생각', '의견', '주장', '상상력', '이론' 등이 어울려요.

지도 TIP 👉 '펼치다'의 뜻에 따라 어울리는 낱말을 구분할 수 있도록 지도해요.

교과서를 📖 이해해요

본문 30~31쪽

01
① 펼쳤어요.
② 펼쳤어요.

02
☐ 잠을 자려고 이불을 <u>펼쳤어요</u>.
☐ 나들이를 가서 돗자리를 <u>펼쳤어요</u>.
☑ 공책에 글을 쓰며 내 생각을 <u>펼쳤어요</u>.

03 접어 **펼쳐**

01 ❶ [펼쳐써요]는 '펼쳤어요'를 소리나는 대로 쓴 것이에요. 따라서 낱말을 올바른 모양으로 고치면 '펼쳤어요'예요. ❷ '말했어요'를 생각 등을 시작하여 넓히거나 이어간다는 뜻의 낱말로 고치면 '펼쳤어요'예요.

02 '잠을 자려고 이불을 펼쳤어요.'와 '나들이를 가서 돗자리를 펼쳤어요.'에서 '펼치다'는 접히거나 개킨 것 등을 널찍하게 편다는 뜻이에요. '공책에 글을 쓰며 내 생각을 펼쳤어요.'에서 '펼치다'는 생각 등을 시작하여 넓히거나 이어간다는 뜻이에요.

03 눈이 많이 쌓인 날에 길을 잃으면, 구조 요원이 자신의 위치를 알 수 있도록 옷을 눈 위에 널찍하게 펴 놓아야 하므로 '펼쳐'를 써야 해요. '접다'는 천이나 종이 등을 꺾어서 겹친다는 뜻이에요.

6

독해 Point　자기가 가진 것으로 다른 사람을 속이고 그것을 함부로 사용하면 벌을 받는다는 내용이에요. 할아버지가 부채를 어떻게 사용했는지 이해하며 글을 읽어요. 이때, 글에서 공부한 낱말이 어떻게 쓰였는지도 살펴보세요.

> 본문 32쪽

❶

　옛날에 요술 부채를 가진 할아버지가 살았어요. 빨간 부채를 부치면 코가
　　　　　　　　　등장인물　　　　　　　　　　　　　　　　빨간 부채의 특징

늘어나고, 파란 부채를 부치면 코가 줄어들었어요. 할아버지는 부채로 몰래
　　　　　　　파란 부채의 특징

사람들의 코를 늘였다가 코를 고치는 척하며 명성을 얻었지요.
　　　　　　　　할아버지가 요술 부채로 사람들을 속인 방법

→ 코의 길이를 늘이고 줄일 수 있는 요술 부채를 가진 할아버지가 사람들을 속여 명성을 얻었어요.

❷

　어느 날, 할아버지는 코가 얼마나 늘어나는지 궁금했어요. 빨간 부채로 계속
　　　　　　　　할아버지의 호기심 - 사건의 발단

부채질을 하자 할아버지의 코가 늘어나 하늘까지 닿았어요. 그 모습을 본

하늘을 다스리는 임금님은 화가 나 기둥을 세우고 코를 묶으라고 했어요.
　　　　　　　　　　　　　　　　　　　　나중에 파란 부채를 부쳤을 때 할아버지의 몸이 떠오른 까닭

→ 빨간 부채를 계속 부치자 할아버지의 코가 하늘까지 닿았고, 그 모습에 화가 난 하늘을 다스리는 임금님이 코를 기둥에 묶도록 했어요.

❸

　코가 아픈 할아버지는 파란 부채를 펼쳤어요. 부채를 부치자 놀라운 일이
　　　　　　　　　　　　코를 줄어들게 하려는 목적

벌어졌어요. 코가 줄어들며 할아버지가 둥실 떠올랐지요. 놀란 할아버지가

버둥거리자 기둥의 줄이 풀렸고, 할아버지는 땅으로 떨어지고 말았어요.
　　　　　　　　　　　　　　　　　자신이 가진 물건을 함부로 사용해 벌을 받음.

→ 할아버지가 파란 부채를 부쳤지만, 코가 기둥에 묶여 있어 할아버지의 몸이 떠올랐어요.
　할아버지가 버둥거리자 기둥의 줄이 풀려 할아버지는 땅으로 떨어졌어요.

오늘 아이의 학습을
평가해 보세요.

공부한 서술어를 잘 이해했나요?

부족함 ── 보통 ── 잘함

글의 내용을 잘 이해했나요?

부족함 ── 보통 ── 잘함

이야기를 이해해요

본문 33쪽

01 ❶ ⭕ ✖️

❷ ⭕ ✖️

❸ ⭕ ✖️

02 ❷

03 현우

01 ❷ 할아버지는 코가 얼마나 늘어나는지 궁금했어요. ❸ 할아버지는 늘어난 코가 아프자 코를 줄어들게 하는 파란 부채를 펼쳐서 부쳤어요.

02 ㉠과 ❷ 문장에서 '벌어지다'는 어떤 일이 일어나거나 진행된다는 뜻이에요. ❶, ❸ 문장에서 '벌어지다'는 갈라져서 사이가 뜬다는 뜻이에요.

03 할아버지는 자기가 가진 요술 부채로 사람들을 속이고, 요술 부채를 마음 내키는 대로 사용해서 큰일을 당했어요.

낱말의 첫 자음자를 보고, 빈칸에 들어갈 알맞은 낱말을 쓰세요.

줄이

ㅍ
풀 리 다

부채를

ㅍ
펼 치 다 .

깊다

서술어를 익혀요

본문 **37쪽**

재미있게 연습하기

밑줄 그은 낱말의 뜻이 같은 것끼리 선으로 이으세요.

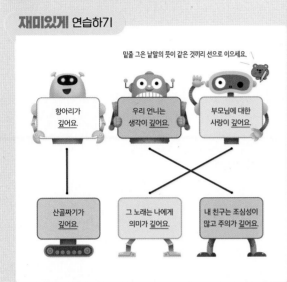

항아리가 깊어요.

우리 언니는 생각이 깊어요.

부모님에 대한 사랑이 깊어요.

산골짜기가 깊어요.

그 노래는 나에게 의미가 깊어요.

내 친구는 조심성이 많고 주의가 깊어요.

'항아리가 깊어요.'와 '산골짜기가 깊어요.'에서 '깊다'는 겉에서 속까지의 거리가 멀다는 뜻이에요. '우리 언니는 생각이 깊어요.'와 '내 친구는 조심성이 많고 주의가 깊어요.'에서 '깊다'는 생각이 가볍지 않고 조심스럽다는 뜻이에요. '부모님에 대한 사랑이 깊어요.'와 '그 노래는 나에게 의미가 깊어요.'에서 '깊다'는 수준이 높거나 정도가 심하다는 뜻이에요.

지도 TIP ☞ '깊다'가 위에서 밑바닥까지의 거리뿐만 아니라 겉에서 속까지의 거리를 나타낼 때도 쓰인다는 점을 이해할 수 있도록 지도해요.

교과서를 이해해요

본문 **39쪽**

01 깊어요   넓어요

01 빈칸에 똑같이 들어갈 낱말은 '깊어요'예요. 이때, '깊다'는 수준이 높거나 정도가 심하다는 뜻이에요. '넓다'는 너비가 크다는 뜻과 마음 쓰는 것이 크고 너그럽다는 뜻이 있어요.

02 겉에서 속까지의 거리가 멀다.   수준이 높거나 정도가 심하다.

02 '동굴 안은 어둡고 깊었어요.'에서 '깊다'는 겉에서 속까지의 거리가 멀다는 뜻이에요. 이때, 거리는 동굴 입구에서 안쪽 끝까지의 거리예요.

03 ☑ 하린이는 차분하고 생각이 깊어요.

☑ 연우는 배려심이 많고 속이 깊어요.

☐ 윤서는 동물에 대한 애정이 깊어요.

03 '하린이는 차분하고 생각이 깊어요.'와 '연우는 배려심이 많고 속이 깊어요.'에서 '깊다'는 생각이 가볍지 않고 조심스럽다는 뜻이에요. '윤서는 동물에 대한 애정이 깊어요.'에서 '깊다'는 수준이 높거나 정도가 심하다는 뜻이에요.

드러나다

 **서술어를 익혀요**

본문 **41쪽**

재미있게 연습하기

밑줄 그은 낱말이 말풍선에 적힌 뜻으로 쓰인 문장에 ○표를 하세요.

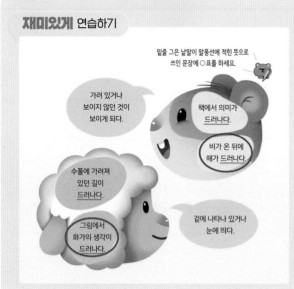

가려 있거나 보이지 않던 것이 보이게 되다.

책에서 의미가 드러나다.

비가 온 뒤에 해가 드러나다.

수풀에 가려져 있던 길이 드러나다.

그림에서 화가의 생각이 드러나다.

겉에 나타나 있거나 눈에 띄다.

'책에서 의미가 드러나다'와 '그림에서 화가의 생각이 드러나다'에서 '드러나다'는 겉에 나타나 있거나 눈에 띈다는 뜻이에요. '비가 온 뒤에 해가 드러나다.'와 '수풀에 가려져 있던 길이 드러나다'에서 '드러나다'는 가려 있거나 보이지 않던 것이 보이게 된다는 뜻이에요.

지도 TIP ☞ 제시된 문장을 보며 '드러나다'의 뜻을 구분할 수 있도록 지도해요.

교과서를 이해해요

본문 **42~43쪽**

01 겉에 나타나 있거나 눈에 띄다. | 가려 있거나 보이지 않던 것이 보이게 되다.

02
☐ 시에는 글쓴이의 마음이 <u>드러나요</u>.
☑ 파도가 지나간 뒤에 깨끗한 모래사장이 <u>드러났어요</u>.
☐ 칭찬할 때에는 칭찬할 점과 그 까닭이 <u>드러나게</u> 말해요.

03
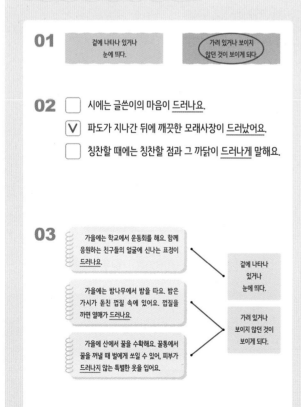

가을에는 학교에서 운동회를 해요. 함께 응원하는 친구들의 얼굴에 신나는 표정이 <u>드러나요</u>.

가을에는 밤나무에서 밤을 따요. 밤은 가시가 돋친 껍질 속에 있어요. 껍질을 까면 열매가 드러나요.

가을에 산에서 꿀을 수확해요. 꿀통에서 꿀을 꺼낼 때 벌에게 쏘일 수 있어, 피부가 드러나지 않는 특별한 옷을 입어요.

겉에 나타나 있거나 눈에 띄다.

가려 있거나 보이지 않던 것이 보이게 되다.

01 '알맹이가 드러나요.'에서 '드러나다'는 가려 있거나 보이지 않던 것이 보이게 된다는 뜻이에요.

02 '깨끗한 모래사장이 드러났어요.'에서 '드러나다'는 가려 있거나 보이지 않던 것이 보이게 된다는 뜻이에요. '글쓴이의 마음이 드러나요.'와 '그 까닭이 드러나야 해요.'에서 '드러나다'는 겉에 나타나 있거나 눈에 띈다는 뜻이에요.

03 '얼굴에 신나는 표정이 드러나요.'에서 '드러나다'는 겉에 나타나 있거나 눈에 띈다는 뜻이에요. '껍질을 까면 열매가 드러나요.'와 '피부가 드러나지 않는 특별한 옷을 입어요.'에서 '드러나다'는 가려 있거나 보이지 않던 것이 보이게 된다는 뜻이에요.

넘다

서술어를 익혀요

본문 45쪽

재미있게 연습하기

밑줄 그은 낱말이 장바구니에 적힌 뜻으로 쓰인 물건을 골라 번호를 쓰세요.

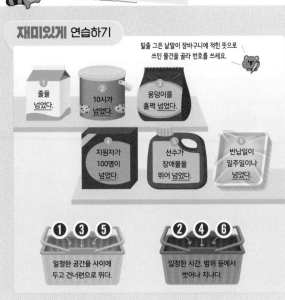

① 줄을 넘었다.
② 10시가 넘었다.
③ 웅덩이를 훌쩍 넘었다.
④ 지원자가 100명이 넘었다.
⑤ 선수가 장애물을 뛰어 넘었다.
⑥ 반납일이 일주일이나 넘었다.

❶ ❸ ❺
일정한 공간을 사이에 두고 건너편으로 뛰다.

❷ ❹ ❻
일정한 시간, 범위 등에서 벗어나 지나다.

'줄을 넘었다.', '웅덩이를 훌쩍 넘었다.', '선수가 장애물을 뛰어 넘었다.'에서 '넘다'는 일정한 공간을 사이에 두고 건너편으로 뛴다는 뜻이에요. '10시가 넘었다.', '지원자가 100명이 넘었다.', '반납일이 일주일이나 넘었다.'에서 '넘다'는 일정한 시간, 범위 등에서 벗어나 지난다는 뜻이에요.

지도 TIP ☞ '넘다' 앞에 오는 낱말이 뛰어 넘는 사물인지, 일정한 시간이나 범위인지를 살펴보고 '넘다'의 뜻을 구분할 수 있도록 지도해요.

교과서를 이해해요

본문 46~47쪽

01 토요일에 가족들과 동물원에 갔어요. 동물원에 도착하기로 한 시각은 10시였는데, 실제로 동물원에 도착한 시각은 10시 30분이었어요. 우리가 생각한 도착 예정 시각에서

20 ㉟30 40 분이 │ 남았어요 │ **넘었어요**

02

90cm   120cm   70cm

03
☑ 컴퓨터실에서, 전선을 넘거나 세게 당기지 않아요.
☑ 체육관에서, 운동 기구 사이를 넘어 다니지 않아요.
☑ 강당에서, 바닥에 물건이 있으면 물건을 밟거나 넘지 않아요.
☐ 시청각실에서, 이용 시간이 넘을 것 같으면 미리 이야기해요.

01 동물원에 도착하기로 한 시각은 10시였는데, 실제로 도착한 시각은 10시 30분이에요. 따라서 실제 도착한 시각은 예정 시각에서 30분이 넘었어요. '남다'는 다 쓰지 않거나 정해진 수준에 이르지 않아 나머지가 있게 된다는 뜻이에요.

02 1m는 100cm이므로, 1m가 넘는 나무는 높이가 120cm인 가운데 나무예요.
지도 TIP ☞ 높이가 120cm인 나무는 1m에서 20cm가 넘는다는 것을 알려 주세요.

03 '넘다'가 일정한 공간을 사이에 두고 건너편으로 뛴다는 뜻으로 쓰인 문장은 첫 번째, 두 번째, 세 번째 문장이에요. 네 번째 문장에서 '넘다'는 일정한 시간, 범위 등에서 벗어나 지난다는 뜻이에요.

고르다

서술어를 익혀요

본문 49쪽

재미있게 연습하기

괄호 안에 들어갈 수 있는 내용이 적힌 보석을 골라 번호를 쓰세요.

① 재밌는 책
② 운동장 바닥
③ 맛있는 과자
④ 아기의 숨소리
⑤ 사야 할 물건
⑥ 선수들의 실력

( )이/가 고르다.
여럿이 모두 높낮이, 크기, 양 등의 차이가 없이 한결같다.

( )을/를 고르다.
여럿 중에서 가려내거나 뽑다.

'고르다'가 여럿이 모두 높낮이, 크기, 양 등의 차이가 없이 한결같다는 뜻으로 쓰인 문장에는 '운동장 바닥', '아기의 숨소리', '선수들의 실력'이 어울려요. '고르다'가 여럿 중에서 가려내거나 뽑는다는 뜻으로 쓰인 문장에는 '재밌는 책', '맛있는 과자', '사야 할 물건'이 어울려요.

지도 TIP ☞ 제시된 문장을 여러 번 읽어보며 '고르다'의 뜻을 자연스럽게 구분할 수 있도록 지도해요.

교과서를 이해해요

본문 50~51쪽

01

| 고 | 릅 | 니 | 다 |

01 '고르다'에는 여럿 중에서 가려내거나 뽑는다는 뜻이 있어요. 따라서 밑줄 그은 내용과 바꾸어 쓸 수 있는 낱말은 '고릅니다.'예요.

02

| □ 여럿 중에서 가려내거나 뽑다. | ☑ 여럿이 모두 높낮이, 크기, 양 등의 차이가 없이 한결같다. |

02 제시된 내용은 농사지을 비가 필요하지만, 해마다 내리는 비의 양에 차이가 있고 한결같지 않다는 것이에요. 따라서 문장에서 쓰인 '고르다'는 여럿이 모두 높낮이, 크기, 양 등의 차이가 없이 한결같다는 뜻이에요.

03

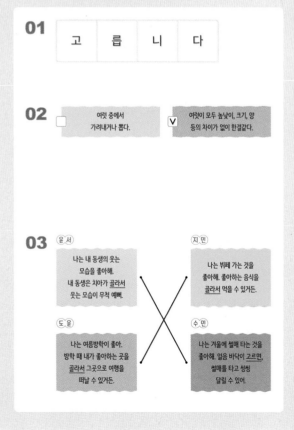

윤서
나는 내 동생의 웃는 모습을 좋아해. 내 동생은 치아가 골라서 웃는 모습이 무척 예뻐.

지민
나는 뷔페 가는 것을 좋아해. 좋아하는 음식을 골라서 먹을 수 있거든.

도윤
나는 여름방학이 좋아. 방학 때 내가 좋아하는 곳을 골라서 그곳으로 여행을 떠날 수 있거든.

수민
나는 겨울에 썰매 타는 것을 좋아해. 얼음 바닥이 고르면, 썰매를 타고 씽씽 달릴 수 있어.

03 '치아가 고르다.'와 '얼음 바닥이 고르다.'에서 '고르다'는 여럿이 모두 높낮이, 크기, 양 등의 차이가 없이 한결같다는 뜻이에요. '좋아하는 곳을 고르다.'와 '음식을 고르다.'에서 '고르다'는 여럿 중에서 가려내거나 뽑는다는 뜻이에요.

옮기다

오늘 아이의 학습을 평가해 보세요.

공부한 서술어를 잘 이해했나요?

부족함   보통   잘함

서술어를 익혀요

본문 53쪽

재미있게 연습하기

밑줄 그은 낱말의 뜻으로 알맞은 것을 선으로 이으세요.

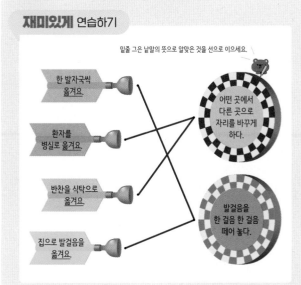

- 한 발자국씩 옮겨요.
- 환자를 병실로 옮겨요.
- 반찬을 식탁으로 옮겨요.
- 집으로 발걸음을 옮겨요.

- 어떤 곳에서 다른 곳으로 자리를 바꾸게 하다.
- 발걸음을 한 걸음 한 걸음 떼어 놓다.

'한 발자국씩 옮겨요.'와 '집으로 발걸음을 옮겨요.'에서 '옮기다'는 발걸음을 한 걸음 한 걸음 떼어 놓는다는 뜻이에요. '환자를 병실로 옮겨요.'와 '반찬을 식탁으로 옮겨요.'에서 '옮기다'는 어떤 곳에서 다른 곳으로 자리를 바꾸게 한다는 뜻이에요.

지도 TIP 👉 '옮기다'가 발걸음을 한 걸음 한 걸음 떼어 놓는다는 뜻으로 쓰일 때는 주로 발이나 걸음을 표현하는 낱말과 함께 쓰인다는 점을 알려 주세요.

교과서를 이해해요

본문 54~55쪽

01

바꿔요   **옮겨요**   채워요

02 모둠에서 친구들과 고무줄로 컵을 옮기는 놀이를 해요. 4명이 고무줄을 한 줄씩 잡고, 줄로 컵을 집어 책상까지 옮겨요. 이때, 친구들이 동시에 걸음을 옮겨야 해요. 책상을 옮겨서 거리를 더 멀게 할 수도 있어요.

03
- 하나, 눈을 치우는 도구를 눈에 띄는 곳으로 옮겨요. ②
- 둘, 한쪽으로 치워둔 눈을 마음대로 옮기지 않아요. ②
- 셋, 밖에서 기르는 소나 말 등의 가축을 실내로 옮겨요. ②
- 넷, 빙판길에서는 걸음을 천천히 옮기고, 주머니에 손을 넣지 않아요. ①

01 밑줄 그은 '다른 곳으로 자리를 바꾸게 해요'와 바꾸어 쓸 수 있는 낱말은 '옮겨요'예요. '바꾸다'는 원래 있던 것을 없애고 다른 것으로 채워 넣거나 대신하게 한다는 뜻이고, '채우다'는 일정한 공간에 사람, 사물, 냄새 등을 가득하게 한다는 뜻이에요.

02 '걸음을 옮겨야 해요.'에서 '옮기다'는 발걸음을 한 걸음 한 걸음 떼어 놓는다는 뜻이에요. '책상까지 옮겨요.'와 '책상을 옮겨서'에서 '옮기다'는 어떤 곳에서 다른 곳으로 자리를 바꾸게 한다는 뜻이에요.

03 첫 번째 문장, 두 번째 문장, 세 번째 문장에서 '옮기다'는 어떤 곳에서 다른 곳으로 자리를 바꾸게 한다는 뜻이에요. 네 번째 문장에서 '옮기다'는 발걸음을 한 걸음 한 걸음 떼어 놓는다는 뜻이에요.

독해 Point 이 이야기는 조선 시대 황희 정승이 겪은 일이라고 전해지고 있어요. 글을 읽으며 농부에게서 배울 점이 무엇인지 생각해 보고, 공부한 낱말이 글에서 어떻게 쓰였는지 파악해 보세요.

본문 **56쪽**

1

옛날에 한 선비가 누렁소와 검정소로 밭을 가는 농부를 보고 물었어요. "밭이
　　　　　등장인물　　　　　　　　　　　　　　등장인물
참 고릅니다. 소들이 일을 잘하는 것 같은데, 어느 소가 일을 더 잘하나요?"
　　　　　　　　　　　　　　　　　　　　　　　선비의 질문 – 사건의 발단

농부는 하던 일을 멈추고 선비에게로 걸음을 옮겼어요.
➜ 한 선비가 누렁소와 검정소로 밭을 가는 농부를 보고, 어느 소가 일을 더 잘하는지 물었어요.

2

농부는 선비에게 귓속말로 대답했어요. "한 마리를 고른다면, 누렁소입니다.
　　　　　　　　대답을 조심스럽게 하는 행동　　　　　　　　일을 더 잘하는 소
일할 나이가 넘었지만, 아주 성실합니다." 선비는 농부에게 "그 말을 왜 그렇게
　　　농부가 일을 더 잘하는 소로 누렁소를 고른 까닭
조심스럽게 하는 것입니까?"라고 물었지요.
➜ 농부는 선비에게 다가가 귓속말로 누렁소가 일을 더 잘한다고 대답했어요. 선비는 농부에게 대답을 조심스럽게 하는 까닭을 물었어요.

3

농부는 "소들 앞에서 내 마음이 드러나면, 검정소가 기분 나빠할 거예요."라고
　　　　　　　　　　　　　농부가 선비에게 귓속말을 한 까닭
말했어요. 선비는 '농부가 참으로 생각이 깊구나. 나도 앞으로 다른 사람에 대한
　　　　　　　　　　　　　　　　　　　　　　　　선비가 농부를 통해 깨달은 점
평가를 함부로 말하지 않아야겠어.'라고 생각했어요.
➜ 농부는 소들 앞에서 자기 마음이 드러나면, 검정소가 기분이 나쁠 것이라고 대답했어요. 선비는 농부의 말에 깨달음을 얻었어요.

오늘 아이의 학습을
평가해 보세요.

공부한 서술어를 잘 이해했나요?

부족함   보통   잘함

글의 내용을 잘 이해했나요?

부족함   보통   잘함

이야기를 이해해요

 본문 57쪽

01
❶ ○ ✕
❷ ○ ✕
❸ ○ ✕

02 ❷

03 ❸

01 ❶ 선비는 농부의 밭을 보고 밭이 고르다고 말했어요. ❸ 농부는 일을 더 잘하는 소로 누렁소를 골랐어요.

02 ㉠과 ❷ 문장에서 '넘다'는 일정한 시간, 범위 등에서 벗어나 지난다는 뜻이에요. ❶, ❸ 문장에서 '넘다'는 일정한 공간을 사이에 두고 건너편으로 뛴다는 뜻이에요.

03 선비는 농부가 소들 앞에서 자기 마음을 드러내지 않는 것을 보고, 다른 사람에 대한 평가를 함부로 말하지 않아야겠다고 생각했어요.

낱말의 첫 자음자를 보고, 빈칸에 들어갈 알맞은 낱말을 쓰세요.

밭이 ㄱ 고 르 다

생각이 ㄱ 깊 다

15

가리키다 / 가르치다

본문 61쪽

재미있게 연습하기

그림을 보고, 빈칸에 들어갈 알맞은 낱말을
낱말 카드에서 골라 쓰세요.

컴퓨터를 가르치다 .

친구가 학교를 가리키다 .

가리키다 / 가르치다

표지판이 길을 가리키다 .

세배하는 방법을 가르치다 .

첫 번째 그림은 컴퓨터를 다루는 방법을 익히게 하고
있고, 네 번째 그림은 세배하는 방법을 익히게 하고 있
으므로 빈칸에 들어갈 낱말은 '가르치다'가 알맞아요.
두 번째 그림은 친구가 손가락으로 학교를 가리키고 있
고, 세 번째 그림은 표지판이 길을 가리키고 있으므로
빈칸에 들어갈 낱말은 '가리키다'가 알맞아요.

지도 TIP 👉 그림을 보고 '가르치다'와 '가리키다'의 뜻을 구
분하여 이해할 수 있도록 지도해요.

본문 62~63쪽

교과서를 📖 이해해요

01 시계의 짧은바늘은 1과 2 사이를, 긴바늘은 5를
가리키고 가르치고 있습니다. 그래서

시각은 ⟨1⟩ ⟨5⟩ 시 ⟨15⟩ ⟨25⟩ 분입니다.

01 시계의 짧은바늘은 1과 2 사이를, 긴바늘은 5를 가
리키고 있으므로 시각은 1시 25분이에요.

02 ☑  ☐

02 시각이 3시 40분이면 짧은바늘은 3과 4 사이를,
긴바늘은 8을 가리켜야 해요. 두 번째 시계는 짧은
바늘은 3과 4 사이를, 긴바늘은 4를 가리키고 있어
시각이 3시 20분이에요.

03 오전에는 교통 표지판에 대해 배웠습니다. 선생님이 교통 표지판을 하나씩
(가리키며 / 가르치며) 그 의미를 (가리켜 / 가르쳐) 주셨습니다.
오후에는 체험용 도로를 구경했습니다. 도로에는 화살표 모양이 많았습니다.
나는 화살표를 (가리키며 / 가르치며) 화살표의 역할에 대해 질문했고, 선생님은
친절하게 (가리켜 / 가르쳐) 주셨습니다. 도로의 화살표는 자동차가 움직여야
할 방향을 (가리켜서 / 가르쳐서) 자동차가 안전하게 갈 수 있게 합니다.

03 두 번째 문장에서 선생님이 교통 표지판을 가리키
며 그 의미를 가르쳐 주셨다는 내용이 알맞아요.
다섯 번째 문장에서 나는 화살표를 가리키며 질문
을 했고, 선생님이 친절하게 가르쳐 주셨다는 내용
이 알맞아요. 마지막 문장에서는 화살표가 방향을
가리킨다는 내용이 알맞아요.

다르다 / 틀리다

 **서술어를 익혀요**

본문 **65쪽**

재미있게 연습하기

괄호 안에 들어갈 알맞은 낱말을 골라 ○표를 하세요.

나와 동생은 성격이 ( ). → **다르다** / 틀리다

답을 많이 ( ) 속상해. → 달라서 / **틀려서**

동네의 모습이 예전과 ( ). → **달라졌어요** / 틀려졌어요

받아쓰기에서 맞춤법을 ( ). → 달랐어요 / **틀렸어요**

첫 번째 문장은 나와 동생의 성격이 서로 같지 않다는 뜻이고, 세 번째 문장은 동네의 모습이 예전과 같지 않다는 뜻이므로 '다르다'를 써야 해요. 두 번째 문장은 답이 정답에 맞지 않다는 뜻이고, 네 번째 문장은 받아쓰기한 것이 맞춤법에 맞지 않다는 뜻이므로 '틀리다'를 써야 해요.

지도 TIP ☞ 두 낱말의 반대말을 활용해 뜻을 구분할 수 있도록 지도해요. '다르다'의 반대말은 '같다'이고, '틀리다'의 반대말은 '맞다'예요.

교과서를 이해해요

본문 **66~67쪽**

01
- ① ㉠ 달랐어요
- ② ㉠ 달라요
- ③ ㉡ 틀려서

02
- ☑ 달라요
- ☐ 틀려요

03
- ① ○ ⊗
- ② ○ ✕

01 ❶ ㉠이 들어간 문장은 친구가 쓴 답과 내가 쓴 답이 서로 같지 않았다는 뜻이므로 '달랐어요'로 고쳐야 해요. ❷ ㉠이 들어간 문장은 사람마다 느끼는 감상이 같지 않다는 뜻이므로 '달라요'로 고쳐야 해요. ❸ ㉡이 들어간 문장은 봉투에 쓴 주소가 원래 주소와 맞지 않다는 뜻이므로 '틀려서'로 고쳐야 해요.

02 3학년 교실이 있는 층과 2학년 교실이 있는 층이 서로 같지 않다는 뜻이므로 '다르다'를 써야 해요.

03 ❶ 나와 친구의 기억이 서로 같지 않다는 뜻이므로 '다르다'를 써야 해요. 따라서 '나와 친구의 기억이 서로 달라요.'가 올바른 문장이에요.

존중하다 / 존경하다

서술어를 익혀요

본문 69쪽

재미있게 연습하기

빈칸에 더 어울리는 글자를 골라 길을 찾아보세요.

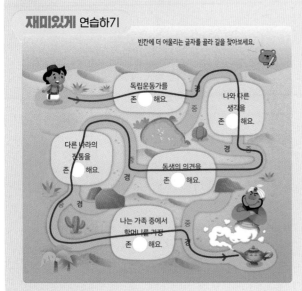

독립운동가를 존□해요.

나와 다른 생각을 존□해요.

다른 나라의 전통을 존□해요.

동생의 의견을 존□해요.

나는 가족 중에서 할머니를 가장 존□해요.

문장의 내용을 보면 문장에 알맞은 글자를 알 수 있어요. '독립운동가를 존경해요.', '나와 다른 생각을 존중해요.', '동생의 의견을 존중해요.', '다른 나라의 전통을 존중해요.', '나는 가족 중에서 할머니를 가장 존경해요.'가 알맞아요.

지도 TIP ☞ '존중하다'와 '존경하다'를 특정 인물을 나타내는 낱말과 함께 쓸 때 그 의미가 달라지는 점을 이해하도록 안내해요. 예를 들어, '선생님을 존중한다.'는 선생님을 높이어 귀하게 대한다는 뜻이고, '선생님을 존경한다.'는 선생님의 인격, 생각, 행동 등을 받들어 공경한다는 뜻이에요.

교과서를 이해해요

본문 70~71쪽

01 (존중합니다) 　　 존경합니다

02 ❶ [존중해서] [존경해서]
　　 ❷ [존중해야] [존경해야]

03 ❶ 세종대왕은 자기를 반대하는 신하들의 의견도 (존중했어요, 존경했어요). 그래서 당시에도 많은 사람이 세종대왕을 (존중했어요, (존경했어요)).
　　 ❷ 해외에서 활약하고 있는 우리나라 축구 선수를 (존중해요, (존경해요)). 그 선수는 축구도 잘하고 다른 선수를 (존중하며) 존경하며) 경기해요.

01 첫 번째 문장은 친구의 의견을 귀중하게 대한다는 뜻이고, 두 번째 문장은 친구의 생각을 귀중하게 대한다는 뜻이에요. 따라서 빈칸에 똑같이 어울리는 낱말은 '존중합니다'예요.

02 '강감찬 장군을 존경하다.'와 '그 나라의 문화를 존중하다.'가 알맞아요.

03 ❶ 제시된 내용은 세종대왕은 자기를 반대하는 신하들의 의견도 귀중하게 대해서 당시에도 많은 사람이 세종대왕을 받들어 공경했다는 뜻이에요.
　　 ❷ 제시된 내용은 해외에서 활약하고 있는 축구 선수를 존경하는데, 그 선수는 다른 선수를 귀중하게 대하며 경기한다는 뜻이에요.

발견하다 / 발명하다

 서술어를 익혀요

 본문 73쪽

재미있게 연습하기

문장에 알맞은 글자를 골라 색칠하세요.

에디슨은 전구를
발 견 명 했어요.

숨겨져 있던 상자를
발 견 명 했어요.

새로운 곤충을
발 견 명 했어요.

새로운 우주선을
발 견 명 하고 싶어요.

첫 번째 문장은 에디슨이 전구라는 새로운 물건을 만들어 냈다는 뜻이고, 네 번째 문장은 새로운 우주선을 만들고 싶다는 뜻이므로 '발명하다'가 알맞아요. 두 번째 문장은 숨겨져 있던 상자를 찾아냈다는 뜻이고, 세 번째 문장은 알려지지 않은 곤충을 찾아냈다는 뜻이므로 '발견하다'가 알맞아요.

지도 TIP 👉 '발견하다'와 '발명하다'의 뜻을 구분하여 사용할 수 있도록 지도해요.

교과서를 🐻 이해해요

본문 74~75쪽

01 ((발견하면), 발명하면)

02

돋보기로 복숭아의 보고, 껍질에 있는
털을 ☐☐☐ 신기했어요. ——→ 발견해서

여름에는 날씨가 더워요. 사람들이
에어컨을 ☐☐☐ 더운 여름을
시원하게 보낼 수 있어요. ——→ 발명해서

03 ❶ ☑ 발견했어요.
       ☐ 발명했어요.
     ❷ ☑ 발견했어요.
       ☐ 발명했어요.
     ❸ ☐ 발견했어요.
       ☑ 발명했어요.

01 원래부터 있던 동물을 찾아낸 것이므로 괄호 안에서 알맞은 낱말은 '발견하면'이에요.

02 복숭아 껍질에 원래부터 있는 털을 찾아낸 것이므로 '발견하다'를 써야 하고, 원래는 없던 에어컨을 새롭게 만든 것이므로 '발명하다'를 써야 해요.

03 ❶ 원래부터 있는 오리발의 물갈퀴를 찾아낸 것이므로 '발견하다'가 알맞아요. ❷ 물갈퀴가 있으면 물속에서 빠르게 움직일 수 있다는 사실을 알아낸 것이므로 '발견하다'가 알맞아요. ❸ 물갈퀴의 모양을 활용해 '오리발'이라는 새로운 물건을 만든 것이므로 '발명하다'가 알맞아요.

집다 / 짚다

서술어를 익혀요

본문 77쪽

재미있게 연습하기

그림을 보고, 괄호 안에서 알맞은 낱말을 골라 O표를 하세요.

손바닥으로 바닥을
(집어요, **짚어요**).

떨어진 동전을
(**집어요**, 짚어요).

젓가락으로 국수를
(**집어요**, 짚어요).

할아버지가 지팡이를
(집고, **짚고**) 있어요.

첫 번째 그림은 손바닥으로 바닥을 짚어 몸을 의지하는 모습이고, 두 번째 그림은 떨어진 동전을 집는 모습이에요. 세 번째 그림은 젓가락으로 국수를 집는 모습이고, 네 번째 그림은 할아버지가 지팡이를 짚고 있는 모습이에요.

지도 TIP 👉 그림 속 동작을 보며 '집다'와 '짚다'를 구분할 수 있도록 지도해요.

교과서를 이해해요

본문 78~79쪽

01
① 집어요
② 집으며
③ 짚어요
④ 짚으면

02
◯   ✕

03
① 집고 **짚고**
② **집기** 짚기

01 첫 번째 내용에서는 공기 알을 잡아서 든다는 뜻이므로 '집다'를 써야 해요. 두 번째 내용에서는 바닥에 손이나 발을 의지한다는 뜻이므로 '짚다'를 써야 해요.

02 금속으로 만든 물건을 맨손으로 잡아서 들지 않아야 한다는 뜻이므로 '집다'를 써야 해요.

03 ❶ 목발에 몸을 의지한다는 뜻이므로 '짚다'를 써야 해요. ❷ 손가락으로 아주 작은 물건을 잡아서 들기 어렵다는 뜻이므로 '집다'를 써야 해요.

독해 Point 이 글은 지혜로운 판단으로 문제를 해결한 솔로몬에 대한 이야기예요. 글을 읽으며 솔로몬이 어떤 방법으로 문제를 해결했는지 이해하고, 공부한 낱말의 뜻을 파악해 보도록 해요.

본문 **80쪽**

1

　옛날에 솔로몬이라는 지혜로운 왕이 살았어요. 어느 날, 솔로몬은 두 여인이
　　　　　　등장인물　　　　　　　　　　　　　　　　　　　　　등장인물

한 아기를 두고 다투는 것을 **발견했어요.** 솔로몬이 그 까닭을 묻자, 두 여인은

서로 아기가 자기 아기라고 주장했어요.
　　　　　　　두 여인이 다투는 까닭

➜ 지혜로운 솔로몬은 한 아기를 두고 다투는 두 여인을 보고, 그 까닭을 물었어요. 두 여인은 서로 아기가 자기 아기라고 주
　장했어요.

2

　솔로몬은 아기를 **가리키며** 말했어요. "두 사람의 주장이 **다르구나.** 그렇다면

아기를 반으로 나누어라." 그 말을 들은 신하가 칼을 **집자,** 한 여인이 놀란 표정
솔로몬의 지혜 - 두 여인이 위기에 처한 아기를 어떻게 대하는지 보고자 함.

으로 눈물을 흘리며 말했어요. "아기를 저 여인에게 주고, 아기를 살려 주세요."
　　　　　　　　　　　　　　　　　　　아기의 진짜 엄마인 여인의 반응

다른 여인은 "저 여인의 말대로 어서 아기를 나에게 주세요."라고 말했지요.
　　　　　　　　　　　거짓말을 한 여인의 반응

➜ 솔로몬이 아기를 반으로 나누라고 말하자, 한 여인이 울면서 아기를 다른 여인에게 주라고 말했어요.

3

　솔로몬은 울고 있는 여인이 진짜 엄마라고 말했어요. 실제로 다른 여인은
　　　　　솔로몬의 판단 - 진짜 엄마는 아기를 다치지 않게 하려는 마음을 지니고 있음.

거짓말을 한 것이었어요. 이 일로 사람들은 솔로몬을 더욱 **존경했어요.**
　　　　지혜로운 판단으로 아기의 진짜 엄마를 찾은 일

➜ 솔로몬은 울고 있는 여인이 진짜 엄마라고 말했어요. 사람들은 문제를 지혜롭게 해결한 솔로몬을
　더욱 존경했어요.

오늘 아이의 학습을
평가해 보세요.

공부한 서술어를 잘 이해했나요?

부족함 　　　 보통 　　　 잘함

글의 내용을 잘 이해했나요?

부족함 　　　 보통 　　　 잘함

이야기를 이해해요

본문 81쪽

01 ❶

02 ❶ (달랐어요) 틀렸어요
　　 ❷ (가리키며) 가르치며
　　 ❸ (존경했어요) 존중했어요

03 ✓
아기를 다치지 않게 하려는 엄마의 마음을 알았기 때문이야.
☐ 울고 있던 여인이 다른 여인보다 말을 더 잘했기 때문이야.

01 ❷ 솔로몬은 아기를 반으로 나누라고 말했지만, 실제로 그 일을 하지 않았어요. ❸ 솔로몬은 두 여인의 주장이 다르다고 생각했어요.

02 ❶ 두 여인은 서로 아기가 자기 아기라고 주장했어요. ❷ 솔로몬은 아기를 가리키며 아기를 반으로 나누라고 말했어요. ❸ 사람들은 문제를 지혜롭게 해결한 솔로몬을 더욱 존경했어요.

03 울고 있는 여인은 아기를 반으로 자르면, 아기가 다치리라 생각해 아기를 다른 여인에게 주라고 말했어요. 솔로몬은 진짜 엄마는 아기를 다치지 않게 하려는 마음을 지니고 있다고 판단한 것이에요.

 낱말의 첫 자음자를 보고, 빈칸에 들어갈 알맞은 낱말을 쓰세요.

아기를 | 가 리 키 다 .

두 여인의 주장이 | 다 르 다 .

서술어를 익혀요

본문 85쪽

재미있게 연습하기

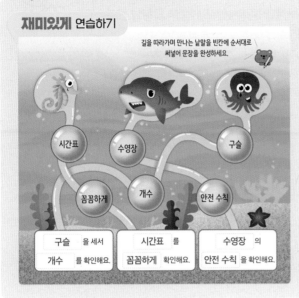

길을 따라가며 만나는 낱말을 순서대로 빈칸에 쓰면 문장을 완성할 수 있어요. 문장을 완성하면, '구슬을 세서 개수를 확인해요.', '시간표를 꼼꼼하게 확인해요.', '수영장의 안전 수칙을 확인해요.'예요.

지도 TIP 👉 문장을 보고 '확인하다' 앞에는 확인해야 할 내용이 나온다는 점을 이해할 수 있도록 지도해요.

교과서를 이해해요

본문 87쪽

01 확 인 해 요

02 확인해

03 생각해요   확인해요

01 글자를 순서에 맞게 써넣어 문장을 완성하면 '친구가 바른 말을 사용하는지 확인해요.'예요.

02 제시된 문장은 책장의 짧은 쪽 길이를 1m로 어림하였는데, 실제로 자로 재어 그러한지 알아보니 길이가 1m 20cm라는 뜻이므로 빈칸에 들어갈 낱말로 '확인해'가 알맞아요.

지도 TIP 👉 '어림하다'는 대강 짐작으로 헤아린다는 뜻임을 알려 주세요.

03 심폐 소생술을 하기 전에 먼저 환자의 의식이 있는지 알아보고, 자동 심장 충격기를 쓸 때는 사용법을 꼭 알아봐야 해요. 따라서 빈칸에 똑같이 들어갈 낱말은 '확인해요'예요.

정하다

 **서술어를 익혀요**

본문 89쪽

재미있게 연습하기

채소의 잎에 쓰인 낱말을 활용해 문장을 완성하세요.

놀이 방법   친구   발표 순서   수업

우리 반   규칙

우리 반 의
규칙 을
정했어요.

친구 와
놀이 방법 을
정했어요.

수업 에서
발표 순서 를
정했어요.

빈칸에 알맞은 낱말을 써넣어 문장을 완성하면 '우리 반의 규칙을 정했어요.', 친구와 놀이 방법을 정했어요.', '수업에서 발표 순서를 정했어요.'예요.

지도 TIP 👉 문장을 완성하며 '정하다'의 뜻을 이해할 수 있도록 지도해요.

교과서를 이해해요

본문 91쪽

01 [모양] [색깔]

[정해요] [비교해요]

01 그림 속 과자의 색이 모두 같기 때문에 색깔은 분류 기준이 될 수 없어요.

지도 TIP 👉 과자를 분류하는 기준을 모양으로 정하고 기준에 따라 과자를 분류해 보는 활동을 추가로 할 수 있어요.

02 (규칙이나 법 등의 적용 범위를 결정하다.)   여럿 가운데 선택하거나 판단하여 결정하다.

02 '한 가지 기준을 정해서 교실 물건들을 나눠요.'에서 '정하다'는 규칙이나 법 등의 적용 범위를 결정한다는 뜻이에요.

03 | 정 | 했 | 어 | 요 |

03 밑줄 그은 '적용할 범위를 결정했어요'와 바꾸어 쓸 수 있는 낱말은 '정했어요'예요.

설명하다

서술어를 익혀요

본문 93쪽

재미있게 연습하기

그림을 보고, 괄호 안에 들어갈 알맞은 낱말의 번호를 써넣어 문장을 완성하세요.

② 친구   ④ 일
① 아빠   ⑥ 그림
③ 학생들   ⑤ 방법

(②)에게 (⑥)의 내용을 설명해요.

(①)께 내가 겪은 (④)을 설명해요.

(③)에게 일기 쓰는 (⑤)을 설명해요.

첫 번째 그림은 친구에게 그림의 내용을 설명하는 모습이고, 두 번째 그림은 아빠께 자신이 겪은 일을 설명하는 모습이에요. 세 번째 그림은 선생님이 학생들에게 일기 쓰는 방법을 설명하는 모습이에요.

지도 TIP ☞ 제시된 문장을 활용해 '설명하다' 앞에 설명해야 하는 대상이나 내용이 나온다는 점을 이해할 수 있도록 지도해요.

교과서를 이해해요

본문 94~95쪽

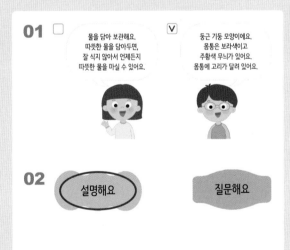

01 ☐ 물을 담아 보관해요. 따뜻한 물을 담아두면, 잘 식지 않아서 언제든지 따뜻한 물을 마실 수 있어요.

☑ 둥근 기둥 모양이에요. 몸통은 보라색이고 주황색 무늬가 있어요. 몸통에 고리가 달려 있어요.

02 ⟨설명해요⟩   ⟨질문해요⟩

03 ❶ 살펴봐요   설명해요

❷ 설명하면   알아보면

01 제시된 활동은 보온병의 겉모양을 설명하는 것이므로, 두 번째 친구의 대답이 알맞아요. 첫 번째 친구는 보온병의 기능을 설명하고 있어요.

02 밑줄 그은 내용과 바꾸어 쓸 수 있는 낱말은 '설명해요'예요. '질문하다'는 알고자 하는 바를 얻기 위해 묻는다는 뜻이에요.

03 ❶ 제시된 문장은 놀이 방법을 밝혀 말한다는 뜻이므로 '설명하다'가 알맞아요. '살펴보다'는 무엇을 찾거나 알아본다는 뜻이에요. ❷ 제시된 문장은 어떤 내용을 예를 들어 밝혀 말하면 쉽게 이해할 수 있다는 뜻이므로 '설명하다'가 알맞아요. '알아보다'는 무엇을 조사하거나 살펴본다는 뜻이에요.

서술어를 익혀요

본문 97쪽

재미있게 연습하기

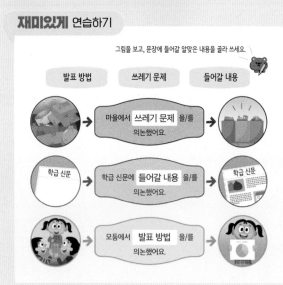

그림을 보고, 문장에 들어갈 알맞은 내용을 골라 쓰세요.

발표 방법   쓰레기 문제   들어갈 내용

마을에서 **쓰레기 문제** 을/를 의논했어요.

학급 신문에 **들어갈 내용** 을/를 의논했어요.

모둠에서 **발표 방법** 을/를 의논했어요.

왼쪽 그림은 의논하기 전의 모습을, 오른쪽 그림은 의논하고 난 뒤에 문제가 해결된 모습을 나타내고 있어요. 이를 보고 문장을 완성하면 '마을에서 쓰레기 문제를 의논했어요.', '학급 신문에 들어갈 내용을 의논했어요.', '모둠에서 발표 방법을 의논했어요.'예요.

지도 TIP 👉 '의논하다'와 뜻이 비슷한 낱말에는 '논의하다'가 있어요. '논의하다'는 어떤 문제에 대하여 서로 의견을 내어 토의한다는 뜻임을 알려 주세요.

교과서를 📖 이해해요

본문 98~99쪽

01 | 의 | 논 | 해 | 요 |

02 ☐ 모둠에서 매체를 직접 사용해 보고, 느낀 점을 주고받아요.
☑ 모둠에서 매체를 사용할 때 주의할 점에 대한 의견을 주고받아요.

03

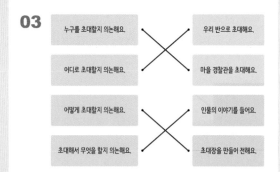

누구를 초대할지 의논해요. ✕ 우리 반으로 초대해요.

어디로 초대할지 의논해요. ✕ 마을 경찰관을 초대해요.

어떻게 초대할지 의논해요. ✕ 인물의 이야기를 들어요.

초대해서 무엇을 할지 의논해요. ✕ 초대장을 만들어 전해요.

01 글자를 순서에 맞게 써넣어 문장을 완성하면 '친구들과 쓰고 싶은 글의 주제를 의논해요.'예요.

02 제시된 내용은 매체를 올바르게 사용하는 방법을 의논하는 활동이므로, 매체를 사용할 때 주의할 점에 대한 의견을 주고받는 행동이 알맞아요.

03 '의논하다' 앞에 있는 내용으로 의논해야 할 내용이 무엇인지 확인할 수 있어요. 누구를 초대할지 의논한 것의 알맞은 결정은 마을 경찰관을 초대하는 것이에요. 어디로 초대할지와 어떻게 초대할지 의논한 것의 알맞은 결정은 각각 우리 반으로 초대하는 것과 초대장을 만들어 전하는 것이에요. 초대해서 무엇을 할지 의논한 것의 알맞은 결정은 인물의 이야기를 듣는 것이에요.

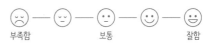
서술어를 익혀요

본문 101쪽

재미있게 연습하기

그림을 보고, 카드에 적힌 낱말을 빈칸에
써넣어 문장을 완성하세요.

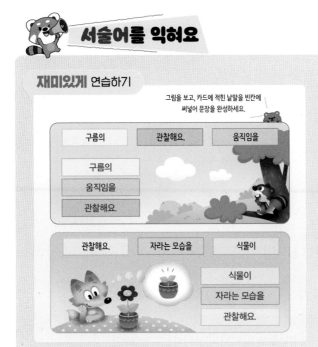

| 구름의 | 관찰해요. | 움직임을 |

구름의
움직임을
관찰해요.

| 관찰해요. | 자라는 모습을 | 식물이 |

식물이
자라는 모습을
관찰해요.

첫 번째 그림은 구름의 움직임을 관찰하는 모습이고, 두 번째 그림은 식물이 자라는 모습을 관찰하는 모습이에요. 따라서 '구름의 움직임을 관찰해요.'와 '식물이 자라는 모습을 관찰해요.'가 알맞아요.

지도 TIP 👉 '관찰하다'의 뜻을 생각하며 낱말을 순서대로 바르게 쓸 수 있도록 지도해요.

교과서를 이해해요

본문 102~103쪽

01 ☐ 감상해요 ☑ 관찰해요 ☐ 상상해요

02 성격 **행동**

관찰했어요 짐작했어요

03

겉모습을 관찰하니, (❶ , ❸)

속 모습을 관찰하니, (❷ , ❹)

01 '관찰하다'는 어떤 대상이나 현상을 주의하여 자세히 살펴본다는 뜻이에요. 따라서 밑줄 그은 내용과 바꾸어 쓸 수 있는 낱말은 '관찰해요'예요. '감상하다'는 예술 작품 등을 이해하여 즐기고 평가한다는 뜻이에요.

02 제시된 내용은 공중화장실에서 세면대가 높아서 손을 씻기 어려운 어린이들의 행동을 자세히 살펴봤다는 뜻이에요. '짐작하다'는 사정이나 형편 등을 어림잡아 헤아린다는 뜻이에요.

03 사과의 겉모습은 껍질이 매끄럽고 색깔이 빨간색이에요. 사과의 속 모습은 색깔이 연한 노란색이고 가운데에 검은색 씨가 있어요.

본문 104쪽

❶

　생쥐들이 사는 마을에 고양이가 나타났어요. 생쥐들은 며칠 동안 고양이의

고양이의 출현 - 사건의 발단

행동을 관찰했어요. 그리고 고양이가 생쥐를 해친다는 것을 확인했지요.

생쥐들이 고양이를 피해야 하는 까닭

→ 생쥐들은 마을에 나타난 고양이를 관찰해서 고양이가 생쥐를 해치는 고양이라는 사실을 알았어요.

❷

　생쥐들은 고양이를 피할 방법을 의논했어요. 너도나도 한 마디씩 하기 시작

했어요. "지난번에 회의 규칙을 정했으니까, 규칙대로 돌아가며 이야기하자."

한 생쥐가 자기가 생각한 방법을 설명했어요. "고양이 목에 방울을 달면 고양이가

고양이를 피하고자 생각한 방법

올 때마다 소리가 나서 피할 수 있어." 생쥐들은 모두 이 생각에 찬성했어요.

→ 생쥐들은 고양이를 피할 방법을 의논했고, 고양이 목에 방울을 달자는 생각에 모두 찬성했어요.

❸

　뒤이어 한 생쥐가 말했어요. "누가 고양이 목에 방울을 달래?" 그러나 누구도

고양이가 생쥐를 해치는 무서운 고양이라서 생쥐들이 나서지 않음.

나서지 않았어요. 결국 생쥐들은 고양이 목에 방울을 달지 못했고, 예전처럼

고양이를 피해 숨어서 지내야 했어요.

좋은 방법을 생각했지만 실천하지 않아서 이전과 같이 숨어서 지내게 됨.

→ 고양이 목에 방울 다는 일을 할 생쥐가 아무도 없었어요.

오늘 아이의 학습을
평가해 보세요.

공부한 서술어를 잘 이해했나요?
부족함 — 보통 — 잘함

글의 내용을 잘 이해했나요?
부족함 — 보통 — 잘함

이야기를 이해해요

본문 105쪽

01
1 생쥐들은 고양이의 행동을 자세히 살펴봤어요.

3 생쥐들은 고양이 목에 방울을 달자는 생각에 찬성했어요.

2 생쥐들은 고양이를 피할 방법에 대해 서로 의견을 주고받았어요.

02 ❶

03 ❷

01 생쥐들은 고양이의 행동을 관찰하고 고양이가 생쥐를 해친다는 것을 확인했어요. 생쥐들은 고양이를 피할 방법을 의논하였고, 고양이 목에 방울을 달자는 생각에 모두 찬성했어요.

02 ㉠과 ❷, ❸ 문장에서 '정하다'는 규칙이나 법 등의 적용 범위를 결정한다는 뜻이에요. ❶ 문장에서 '정하다'는 여럿 가운데 선택하거나 판단하여 결정한다는 뜻이에요.

03 이 글은 고양이 목에 방울을 달자는 좋은 생각을 실천하지 않아 소용이 없게 되었다는 내용이에요. 따라서 이 글의 중심 내용은 아무리 좋은 생각이라도 실제로 행동하지 않으면 소용이 없다는 것이에요.

낱말의 첫 자음자를 보고, 빈칸에 들어갈 알맞은 낱말을 쓰세요.

방법을 | ㅇ 의 | 논 | 하 | 다

자기가 생각한 방법을
| ㅅ 설 | 명 | 하 | 다

29

1회 ○ 맞힌 개수 / 15개

1 얻다   2 짚다   3 확인하다

4 옮겼다   5 풀렸다   6 세웠다

7 ②   8 달라요   9 존중해요

10 가리켜요   11 ㉠ 발견했다 ㉡ 설명했다

12 ❶-㉠ ❷-㉡

13 ❶ 깊다 ❷ 드러나다 ❸ 집다

14 **예시 답안** 내가 사고 싶은 물건을 고르다.

15 **예시 답안** 비가 와서 우산을 펼치다.

1 '넘다'는 일정한 시간, 범위 등에서 벗어나 지난다는 뜻과 일정한 공간을 사이에 두고 건너편으로 뛴다는 뜻이 있어요.

2 '집다'는 손가락이나 발가락, 기구 등으로 물건을 잡아서 든다는 뜻이에요.

3 '의논하다'는 어떤 일에 대하여 서로 의견을 주고받는다는 뜻이에요.

4 제시된 문장에서 '옮기다'는 발걸음을 한 걸음 한 걸음 떼어 놓는다는 뜻이에요.

5 제시된 문장에서 '풀리다'는 춥던 날씨가 누그러진다는 뜻이에요.

6 제시된 문장에서 '세우다'는 계획이나 해결 방법 등을 정하거나 짠다는 뜻이에요.

7 ❶, ❸ 문장에서 '벌어지다'는 갈라져서 사이가 뜬다는 뜻이에요. ❷ 문장에서 '벌어지다'는 어떤 일이 일어나거나 진행된다는 뜻이에요.

8 나와 친구의 등교 시간이 서로 같지 않다는 뜻이므로 '다르다'를 써야 해요.

9 내 생각과 다른 친구의 생각을 귀중하게 대해야 한다는 뜻이므로 '존중하다'를 써야 해요.

10 친구를 손바닥으로 집어서 보인다는 뜻이므로 '가리키다'를 써야 해요.

11 ㉠ '발견하다'는 찾아내지 못했거나 알려지지 않은 것을 찾아낸다는 뜻이에요. ㉡ '설명하다'는 어떤 일이나 내용을 다른 사람이 잘 알 수 있도록 밝혀 말한다는 뜻이에요.

12 '정하다'는 규칙이나 법 등의 적용 범위를 결정한다는 뜻이고, '관찰하다'는 어떤 대상이나 현상을 주의하여 자세히 살펴본다는 뜻이에요. 따라서 '반에서 지켜야 할 약속을 정하다.'와 '새싹의 모습을 돋보기로 관찰하다.'가 알맞아요.

13 ❶ 생각이 가볍지 않고 조심스럽다는 뜻이므로 '깊다'를 써요. ❷ 생각이 글에 나타나 있거나 눈에 띈다는 뜻이므로 '드러나다'를 써요. ❸ 떨어진 연필을 잡아서 든다는 뜻이므로 '집다'를 써요.

14

✔ 채점 기준	
☺ 잘했어요	'고르다'의 뜻을 알고, 뜻이 잘 드러나도록 문장을 썼어요.
☹ 다시 공부해요	'고르다'만 따라 썼어요.

15

✔ 채점 기준	
☺ 잘했어요	'펼치다'의 뜻을 알고, 뜻이 잘 드러나도록 문장을 썼어요.
☹ 다시 공부해요	'펼치다'만 따라 썼어요.

2회 ○ 맞힌 개수 / 15개

1 존중하다   2 의논하다   3 존경하다

4 펼쳐요   5 드러나요   6 가르쳐요

7 ①   8 넘지   9 짚고

10 발명하여   11 ❶-ⓒ ❷-㉠

12 깊어요

13 가로❶ 다르다

세로① 얻다   세로② 정하다

14 📝예시 답안 역할극에서 대사를 틀리다.

15 📝예시 답안 모르는 내용을 책에서 확인하다.

1 '존중하다'는 높이어 귀중하게 대한다는 뜻이에요.

2 '의논하다'는 어떤 일에 대하여 서로 의견을 주고 받는다는 뜻이에요.

3 '존경하다'는 다른 사람의 인격, 생각, 행동 등을 받들어 공경한다는 뜻이에요.

4 내 생각을 글로 마음껏 넓히거나 이어간다는 뜻이므로 '펼치다'를 써야 해요.

5 크게 웃어 가려 있거나 보이지 않던 치아가 보이게 된다는 뜻이므로 '드러나다'를 써야 해요.

6 학생에게 한자 쓰는 방법을 깨닫게 하거나 익히게 한다는 뜻이므로 '가르치다'를 써야 해요.

7 ❶ 문장에서 '고르다'는 여럿 중에서 가려내거나 뽑는다는 뜻이에요. ❷, ❸ 문장에서 '고르다'는 여럿이 모두 높낮이, 크기, 양 등의 차이가 없이 한결같다는 뜻이에요.

8 물웅덩이를 사이에 두고 건너편으로 뛴다는 뜻이므로 '넘다'를 써야 해요.

9 뜀틀의 윗부분에 손바닥을 대고 몸을 의지한다는 뜻이므로 '짚다'를 써야 해요.

10 지금까지 없던 새로운 기계를 만들어 생활이 편리해졌다는 뜻이므로 '발명하다'를 써야 해요.

11 '옮기다'는 어떤 곳에서 다른 곳으로 자리를 바꾸게 한다는 뜻이고, '풀리다'는 일어난 감정 등이 누그러진다는 뜻이에요. 따라서 '대화를 하면 오해가 풀려요.'와 '무거운 상자를 함께 들어 옮겨요.'가 알맞아요.

12 첫 번째 빈칸에 들어갈 '깊다'는 겉에서 속까지의 거리가 멀다는 뜻이고, 두 번째 빈칸에 들어갈 '깊다'는 수준이 높거나 정도가 심하다는 뜻이에요. 세 번째 빈칸에 들어갈 '깊다'는 생각이 가볍지 않고 조심스럽다는 뜻이에요.

13 '다르다'는 비교가 되는 두 대상이 서로 같지 않다는 뜻이에요. '얻다'는 구하거나 찾아서 가진다는 뜻이고 '정하다'는 규칙이나 법 등의 적용 범위를 결정한다는 뜻이에요. 따라서 '이야기의 내용이 서로 다르다.', '인터넷에서 새로운 정보를 얻다.', '우리 반의 안전 규칙을 정하다.'가 알맞아요.

14
☑ 채점 기준

☺ 잘했어요	'틀리다'의 뜻을 알고, 뜻이 잘 드러나도록 문장을 썼어요.
☹ 다시 공부해요	'틀리다'만 따라 썼어요.

15
☑ 채점 기준

☺ 잘했어요	'확인하다'의 뜻을 알고, 뜻이 잘 드러나도록 문장을 썼어요.
☹ 다시 공부해요	'확인하다'만 따라 썼어요.

MEMO

교과서를 제대로 **읽는** 힘
완자 공부력

전과목
교과 연계

완자
공부력

교과서
문해력
교과서가 술술 읽히는
서술어

1A 1학년

visang

완자
공부력

초등 전과목 필수어휘 수록

어휘
×
초등 전과목

3A
3~4학년

visang

5A
심화편/기본

교과서 문장제의
수학
문장제

완자 공부력
문장으로 이끄는 힘

visang

교과서가 술술 읽히는 **서술어**　　　전과목 **어휘**　　　수학 **문장제**

교과서를 제대로 **읽는** 힘! 완자 공부력 문해력 라인업

- 초등 교과서 발행사 비상교육이 만든 **교과 연계** 문해력 교재
- 전과목 교과 필수 어휘와 서술어를 학습하면서 **어휘력 향상**
- 학년군별 주요 교과 지문을 읽고, 문제를 풀면서 **독해력 강화**

어휘력　전과목 어휘, 전과목 한자 어휘

독해력　독해 시작하기, 국어 독해, 한국사 독해(인물편/시대편)

교과서 문해력　교과서가 술술 읽히는 서술어, 수학 문장제 기본/발전

예비 초등, 초등 1~6학년

완자 공부력

대표전화 1544-0554
주소 경기도 과천시 과천대로2길 54(갈현동, 그라운드브이)
협의 없는 무단 복제는 법으로 금지되어 있습니다.

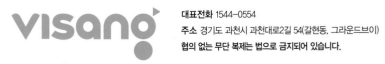